어른 그림책 여행

내 마음을 둘러보고 싶을 때

어른 그림책 여행

어른그림책연구모임 지음

여는 글

그림책은 꽃,
그늘을 드리우는
아름드리나무다

어른 그림책? 고개를 갸웃할 수도 있겠다. 아직도 '그림책은 어린이 책'이라 여기는 사람이 많을 테니 말이다. 그러나 주위를 살펴보면 그림책을 읽는 어른들을 곧잘 발견할 수 있다. 특히 머리 희끗한 50대 이상의 어른들에게서는 낯설지 않은 풍경이 되어간다. 여전히 그림책의 주 독자는 어린이이고 대다수의 그림책은 어린이를 대상으로 만들고 있지만, 오늘날엔 그 스펙트럼이 다양해져 어른을 위한 그림책도 어렵지 않게 찾을 수 있다. 이를 감지한 듯 〈두산백과〉에서는 그림책을 "보편적으로 어린이들을 위한 책이지만, 어른들을 위하여 만들어지는 것들도 있다"라고 설명한다.

어린이 그림책과 어른 그림책의 경계를 뚜렷이 구분 짓기는 어렵다. 대개의 그림책은 연령을 초월하여 누구나 읽고 보며 즐길 수 있기 때문이다. 그림이 큰 비중을 차지하는 그림책의 특성상 '이야기 그림책'이라 할지라도 글이 많지 않은데다 그림을 통해 많은 것을 느끼고 깨달을 수 있기에 유아에서 어르신까지 함께 읽을 수 있는 것이다. 그럼에도 굳이 '어른 그림책'이라 따로 이름 붙이려는 것은, 그림책은 어린이뿐 아니라 '어른이 읽어도 좋은 책'일뿐더러 근래에는 '어른을 위한 그림책'도 만들어지고 있음을 드러내 어른들이 그림책을 가까이 할 수 있도록 하려는 데 있다.

그림책은 어른에게도 위로와 감동을 주고 상상력과 통찰력을 길러준다. 특히 어린 날의 향수를 불러일으키거나 어른의 삶과 고민을 다루는 그림책은 마음을 따듯이 어루만져주고 힘을 북돋워준다. 또한 시처럼 아름답고 함축성 있는 글과 그림은 굳어진 마음과 뇌의 문을 활짝 열어젖힌다. 그 문을 드나들며 우리는 붙박이장 같던 우리 삶에도 날개가 돋아날 수 있음을 발견한다.

'어른그림책연구모임'은 2019년 가을에 결성되었다. 몇 해 전부터 함께 책모임을 하던 사람들이 그림책, 그중에서도 어른 그림책을 골라 더 깊이 공부해보자는 데 뜻이 모아져 그리된 것이다. 초반에는 어른에게 추천하고 싶은 그림책을 가져와 함께 읽으며 감상을 나누었지만 점차 그림책에 대한 이론서를 읽으며 토론했고, 이후 500자 서평 쓰기, 3000자 서평 쓰기를 지속해오고 있다.『어른 그림책 여행』의 서평은 이때 쓴 글 중 36편을 골라 모은 것이다.

『어른 그림책 여행』의 본문은 네 개의 장에 각 9편의 서평과 '함께 즐겨요!'로 구성되어 있다. 각 장의 주제는 상황에 따른 것으로, **1장 '우물 속에는 파란 바람이 불고'**에는 자신의 내면을 들여다보며 대화 나누기에 좋은 책을, **2장 '지혜를 낚는 어부가 되어'**에는 우리의 지각을 흔들어 깨우침을 줄 만한 책을 골라 담았다. 또 **3장 '돌아보면 그리움인 것을'**에는 추억과 향수를 불러일으키는 책을, **4장 '더불어 숲을 꿈꾸며'**에는 관계나 사회적 문제 관련 책을 가려 모았다.

그리고 각 장 뒤에는 '함께 즐겨요!'를 덧붙였는데, 1장의 **'그림책 읽기의 즐거움'**에는 그림책을 읽을 때 알아두면 좋은 기본 요소를, 2장의 **'행복으로 가는 그림책방에 머물다'**에는 직접 방문해보기를 권하고 싶은 전국의 멋진 그림책방을 소개하였다. 이어 3장의 **'감성 충전 사계절 그림책 여행'**에는 넉넉한 마음으로 종일 둘러보면 좋을 몇몇 그림책 마을과 그림책 도서관 및 전시관 들을 안내하고, 4장의 **'늦게 피어난 꽃, 시니어 그림책을 주목하다'**에서는 어른 그림책 범주에 속하면서도 조금은 특별한 시니어 그림책(노년 그림책)에 대한 이야기를 담았다.

덧붙여『어른 그림책 여행』말미에 부록을 두어 본문에서 언급한 책 목록을 정리하고, 본문에서 미처 다루지 못했지만 읽기를 권하고 싶은 어른 그림책을 상황별 여섯 개 주제로 나눠 각 40권씩

수서했다. 10명이 함께 작업하다 보니 조율이 쉽지는 않았지만, 그만큼 다양한 관점이 흡수된 것이기에 여러 층위의 독자가 골라 읽기에는 좋지 않을까 싶다.

『어른 그림책 여행』의 편집을 맡아 우리와 함께 호흡하고 거친 문장과 결을 다듬어준 정안나 편집자와 백화만발 식구들에게 고맙다. 또한 본문의 그림을 허락해준 출판사와 작가 분들에게도 감사드린다. 덕분에 우리의 밋밋하던 글에 생동감이 더해지고 책이 반짝반짝 빛나게 된 듯하다.

부족함이 많지만, 불현듯 마음을 둘러보고 싶을 때나 무언가가 그리울 때, 삶을 좀 더 깊이 응시하고플 때나 지친 마음에 용기를 얻고 싶을 때, 『어른 그림책 여행』을 펼쳐봤으면 좋겠다. 이 책이 그림책의 세계를 확장하고 세대와 이웃 간의 공감과 소통의 문을 여는 데 조금이나마 도움이 되길 소망한다. 그림책은 우리 삶에 피어난 꽃, 그리고 넓게 그늘을 드리워주는 아름드리나무이다.

2022. 9. 20.
어른그림책연구모임을 대표하여 백화현

차례

여는 글 | 그림책은 꽃, 그늘을 드리우는 아름드리나무다 04

1장
우물 속에는 파란 바람이 불고

또 다른 나를 찾아 나선 이들과 나누고 싶은 이야기
『누가 진짜 나일까?』 14

작은 벽돌과 떠나는 여행, 나를 찾다 | 『작은 벽돌』 21

들려주세요, 마음이 보고 싶거든 | 『마음의 집』 29

말을 더듬는 건 두려움이 따르지만 아름다운 일이에요
『나는 강물처럼 말해요』 35

누구에게나 하나쯤은 있는 작은 냄비 | 『…아나톨의 작은 냄비』 41

서사가 멈추면 그림이 이야기를 시작한다 | 『잃어버린 영혼』 47

일요일 밤 블레즈씨는 어디에 있을까?
『블레즈씨에게 일어난 일』 53

걷다가 친구를 만난 것처럼 | 『연남천 풀다발』 60

마지막 미소를 짓는 순간, 돌아가다 | 『어느 늙은 산양 이야기』 66

📖 함께 즐겨요!
그림책 읽기의 즐거움 74

2장
지혜를 낚는 어부가 되어

소년과 두더지와 여우와 말이 전하는 삶에 관한 이야기
『소년과 두더지와 여우와 말』 92

등 떠미는 소비 시장에서 뚝심 있게 서는 법 | 『최고의 차』 99

결말을 말하고 싶어서 입이 근질거려
『세상에서 가장 맛있는 무화과』 106

세상을 밝히는 따뜻하고 행복한 사람들 | 『쫌 이상한 사람들』 113

다르지만 같은 이름 엄마 | 『엄마』 120

몽글몽글한 여행 이야기 속으로 | 『여기보다 어딘가』 126

그림 그리기 딱 좋은 나이, 그림 그리는 할머니 김두엽입니다
『그림 그리는 할머니 김두엽입니다』 133

책만 읽는 바보 이덕무의 지독한 책 사랑
『책이 된 선비 이덕무』 140

열린 손으로 꿈을 지은 사람 | 『르 코르뷔지에』 148

📙 함께 즐겨요!
    행복으로 가는 그림책방에 머물다 155

3장

돌아보면 그리움인 것을

유년 시절의 즐거운 기억
『동전 하나로도 행복했던 구멍가게의 날들』 170

조개맨들도 부시미 산도 그대로인데… | 『조개맨들』 176

백 년 전 북간도 이야기 한 자락 들어볼래요? | 『고만녜』 183

어린 시절 진한 추억으로의 초대 | 『아카시아 파마』 190

손으로 기억하고 미래로 전해주다 | 『나의 를리외르 아저씨』 196

인생, 영화, 그리고 그림책 | 『인생이라는 이름의 영화관』 202

따뜻한 말 한마디, 그리고 그림책의 힘 | 『엄마 마중』 209

우리들의 할머니를 찾아서
『할머니, 어디 가요? 쑥 뜯으러 간다』 216

양귀비꽃이 선물한 기적 | 『잠에서 깨어난 집』 223

📖 함께 즐겨요!
감성 충전 사계절 그림책 여행 230

4장

더불어 숲을 꿈꾸며

외롭다고 힘들다고 왜 말을 못 해? | 『하루거리』 250

오늘, 안부를 묻다 | 『오늘은 아빠의 안부를 물어야겠습니다』 257

함께 살아가는 풍경 | 『비에도 지지 않고』 263

가슴에 새겨진 문진 | 『나무 도장』 269

분단이 낳은 아픔, 그리운 엄마에게 | 『엄마에게』 276

팬데믹 시대, 희망을 노래하다
『그리고 사람들은 집에 머물렀습니다』 283

황무지에서 숲을 꿈꾼 엘제아르 부피에, 나무를 심은 사람
『나무를 심은 사람』 289

침묵을 지킬 수는 없었니? | 『마지막 거인』 296

제르마노 쵤로와 알베르틴, 개인의 사회적 역할을 묻다
『잠시만요 대통령님』 301

📙 **함께 즐겨요!**
늦게 피어난 꽃, 시니어 그림책을 주목하다 309

📙 **부록** 상황별 추천 그림책 321

1장

우물 속에는
파란 바람이 불고

산모퉁이를 돌아 논가 외딴 우물을 홀로 찾아가선

가만히 들여다봅니다.

우물 속에는

달이 밝고 구름이 흐르고

하늘이 펼치고 파아란 바람이 불고

가을이 있습니다.

- 윤동주 <자화상> 중에서

『누가 진짜 나일까?』

다비드 칼리 글 | 클라우디아 팔마루치 그림
나선희 옮김 | 책빛

또 다른 나를
찾아 나선 이들과
나누고 싶은 이야기

| 김정해

아침에 눈을 뜨면서부터 하는 일이 내가 좋아서 선택한 것이라면 얼마나 좋을까? 복 받은 삶이다. 그 일이 나의 생계가 되어준다면 더할 나위 없을 것이다. 선택지는 없으나 나의 생계를 위해서 하는 일이 어느 정도 적성에 맞고 능력도 되며 원하는 만큼 길게 할 수 있다면 제법 괜찮은 인생이라고 할 수 있겠다.

『누가 진짜 나일까?』는 기업의 과도한 이윤 추구로 무한 노동에 시달리며 인간적인 가치를 상실한 주인공 자비에와 생산량 늘리기에만 급급한 경영자가 만들어준 복제인간과의 갈등을 통해 개인이 무시되는 직장인의 삶을 들여다봄으로써 현대 사회의 인간소외 문제를 다룬다.

자비에는 공장에서 생산하는 부품 수량을 계산하는 일을 한

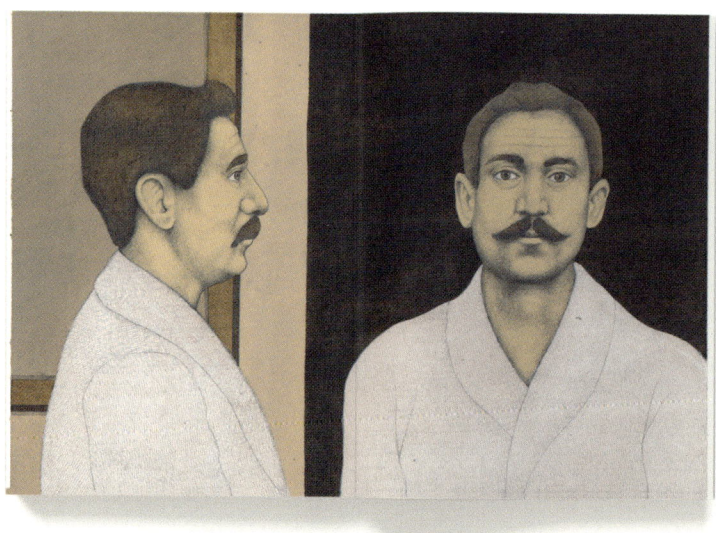

ⓒ다비드 칼리, 클라우디아 팔마루치, 책빛

다. 어디에도 그가 그 일을 좋아서 선택했다거나 수량을 셈하는 일에 흥미가 있다는 내용은 보이지 않는다. 자신이 세고 있는 부품이 어디에 쓰이는지도 모르고, 일이 왜 이렇게 바빠야 하는지도 모른 채 회사의 요구대로 하루하루 산다. 그와 함께 근무하는 이들도 마찬가지다. 그들의 얼굴은 공장의 부품처럼 생동감이 없다. 자비에는 너무 바쁜 나머지 물고기에게 밥 줄 시간도, 친구를 만날 시간도, 엄마에게 안부를 물을 시간도 내지 못한 채 회사에 충성하며 집에 와서는 쓰러져 자기 일쑤다. '직업'의 사전적 의미가 자기의 적성과 능력에 따라 일정 기간 계속하여 종사하는 일이라면, 자비에는 직업인이라고 할 수 있을까?

이런 자비에가 자신의 삶에 회의를 느끼며 사장에게 회사를 그만두고 싶다고 하자, 사장은 그의 상태를 헤아리고 처우를 개선하는 대신 복제인간을 만들어준다. 그리고 그 복제인간은 부품 세는 회사 일 외의 삶인 강아지 산책, 엄마께 생일 축하 전화하기, 여자친구와의 데이트, 심지어 약혼식까지도 대신한다. 인간의 심리를 다룬 매슬로의 욕구 5단계에 의하면 인간은 생리적 욕구, 안전 욕구, 애정 욕구, 존경 욕구, 자아실현 욕구 순으로 욕구를 충족시켜 간다고 한다. 그에 비추면 사람은 가정에서의 기본적인 욕구가 우선 채워져야 다음 단계를 생각할 수 있다. 자비에가 원하는 일은 정작 복제인간이 하고 있으니 그에게는 자아실현은 고사하고 기본적인 욕구 충족마저 아득한 게 현실이다.

　어느 날 퇴근길에 자비에는 자신의 집에서 자기의 일상을 살고 있는 복제인간을 만난다. 놀란 그는 집으로 들어가기를 포기하고 집 앞 공원에서 잠들었다 악몽을 꾼다. '나는 누구일까? 내가 정말 나일까? 내가 복제인간이고, 복제인간이라고 생각한 그가 진짜 내가 아닐까?' 또 다음 날 사장은 자비에와 동료들을 불러 몇 주간 회사에 머물며 귀가 없이 일할 것을 별일 아니라는 듯 요청한다. 그 순간 동료들의 표정은 영혼이 빠져나간 것 같다. 일이 누적되면서 더 피폐해진 자비에는 자신의 진짜 삶은 복제인간이 살고 있음을 깨닫고 사장의 거짓말에서 자신을 구출하고자 사무실을 도망쳐 나온다, 아무것도 챙길 겨를 없이. 그는 새벽 5시에 기차를 타고 어릴 적 추억이 있는 밤바다로 향한다. 자신의 영혼이 좋아하는 선택을 결행한 것이다.

　몇 년이 지나 마침내 자비에는 진정한 직업을 갖게 된다. 크레이프를 만드는 일이다. 크레이프에 대해서는 누구보다도 잘 알고 좋아하며 능숙하게 만든다. 반죽에는 설탕을 넣기도 하고 소금을 넣기도 한다. 날씨에 따라 사람들이 좋아하는 크레이프의 맛이 달라진다는 것도 알고 있다. "달콤한 걸 드릴까요? 짭짤한 걸 드릴까요?" 자비에는 손님에게 선택지를 주는 사장이 된 것이다.

　이 책은 볼로냐아동도서전 라가치상을 받은 두 작가, 다비드 칼리가 글을 쓰고 클라우디아 팔마루치가 그림을 그렸다. 다비드 칼리는 1972년 스위스에서 태어났는데, 이탈리아와 프랑스에 살며 기발한 책을 많이 내는 재주꾼이다. 그는 그림책, 만화, 시나리오 등 다양한 장르에서 뛰어난 상상력과 유머로 독자들의 사랑을 받고 있으며, 주로 어린이와 청소년을 위한 글을 썼다. 작품의 비극성을 부각시킨 그림작가 클라우디아 팔마루치는 면지에 찰리 채플린과 함께 무성영화 시대를 이끌었던 감독 버스터 키튼을 패러디한 것에서부터 시작하여 곳곳에 상징적인 의미를 담은 그림을 숨겨놓았다. 패러디 효과로 대상에 대한 거리감을 두어 조금은 냉담하게 느껴지도록 했다. 사람은 무표정하게, 사물은 사실 그대로 전달한다. 인상적인 구성이다.

책의 앞뒤 부속을 관련지어 살펴보면, 이야기에 담긴 의미를 읽을 수 있어 흥미를 더한다. 표제지 그림에는 소금, 설탕이 들어 있어야 할 양념통에 은방울꽃이 꽂혀 있는데, 그 꽃말은 다양한 순간에 뿌리는 양념 같은 이야기의 맛있는 복선이다. 우리가 진짜 살아 있다고 느끼는 순간은 직장의 요구에 부응하느라 영혼 없이 질주하는 때는 아닐 것이다. 짜고 단 소금과 설탕을 뿌릴 때처럼 싸우기도 하고 사랑하기도 하는 순간에 인생의 맛이 느껴진다. 생계를 위한 노동의 가치는 소중하지만, 물질 만능의 자본주의 사회에서 부지불식간 내 안에 들어온 복제인간에 함몰된 채 무한의 노동에 나를 바치고 있는 것은 아닌지 돌아보며 이 책을 권한다.

그리고 오늘 내 안의 진짜 나를 찾아 나선다. 누가 진짜 나일까?

|✏️| 함께 읽어요!

『우리 집 하늘』 전병호 글 | 김주경 그림 | 도토리숲

파란 하늘을 시각적으로 표현한 시 그림책이다. 각자가 서 있는 공간과 시간에 따라 달리 보이는 하늘의 크기와 색깔처럼 자신이 처한 상황도 달리 볼 수 있음을 귀띔해준다.

『구멍』 열매 지음 | 향

"나는 어쩌다 구멍이 되었을까?"로 시작하는 철학적인 질문을 '나는 어쩌다 내가 되었을까?'로 풀어가다 보면 구멍인 내가 온갖 세상과 만나면서 새로워지는 과정을 이해하게 된다. 심오한 질문을 가볍고 단순한 그림으로 표현했다.

『푸른 빛의 소녀가』 박노해 글 | 카지미르 말레비치 그림 | 느린걸음

박노해의 시로 만든 그림책으로 말레비치의 그림 29점과 엮었다. 우주에서 온 소녀와 지구의 존재가 삶에 좋은 점과 슬픈 점을 문답하며 실존적인 자아를 돌아보게 한다.

『작은 벽돌』

조슈아 데이비드 스타인 글
줄리아 로스먼 그림 | 정진호 옮김
그레이트북스

작은 벽돌과 떠나는 여행, 나를 찾다

| 황희진

"나를 찾는 위대한 여행"이라는 부제가 마음을 사로잡은 그림책이다. 여행을 참 좋아하는데 '나를 찾는다고? 작은 벽돌이?' 하는 호기심을 가득 불러일으킨다. 작은 벽돌이 어디로 누구와 여행을 떠나 어떤 경험을 하게 될까, 하는 생각이 스치며 자연스럽게 책장을 넘기게 된다.

앞표지의 "작은 벽돌"이라는 글씨도 자세히 살펴보면 작은 벽돌 그림으로 이루어져 있다. 네 글자의 명도와 채도가 조금씩 달라서 하나하나의 색깔을 자세히 들여다보게 된다. 붉은 기운이 맴도는데, 조금 밝기도 하고 어둡기도 하고 연하기도 하고 진하기도 하며 벽돌 색이 조금씩 다르다. 벽돌 뒤로는 하얀 건물들, 색을 칠하지 않은 건물들이 보인다. 작은 벽돌 하나가 "작"이라는 글자 위에서 손을 허리춤에 대고 웃는 표정으로 여행을 떠날 준비를 마친 뒤 우리를 기다리고 있다. 작은 벽돌을 따라 여행을 떠나보자.

앞표지 다음 면지에는 연한 벽돌색 바탕에 하얀 선으로 건축물이 그려져 있다. 어디인지 정확히는 모르지만, 전 세계 여기저기인 것 같다. 건물 양식은 다채롭다. 중국의 만리장성과 성당들은 본 적이 있는데 다른 건물들은 어디일까, 궁금하고 설렌다. 여행을 떠날 준비가 되었다. 설렘을 가슴에 한가득 담은 채 책장을 한 장 더 넘기면 작은 벽돌이 회색 숲길 위에 평안한 표정으로 가부좌를 틀고 있다. "준비됐나요?"라고 말을 건네는 듯하다. '준비됐어요'라고 마음으로 답하고 한 장을 더 넘기면, 글작가인 조슈아 데이비드 스타인의 글과 그림작가인 줄리아 로스먼의 글귀가 우리를 기다리고 있다.

> 한때 작았으나 위대한 것이 된 모든 것과
> 언젠가 위대하게 될 작은 것들을 위해

조슈아 데이비드 스타인의 글은 본격적으로 여행을 떠나기 전인데도 불구하고 깊은 울림을 가져온다. 그림작가는 "론과 콜더에게 (그리고 그들의 멋진 부모에게도)"라는 글을 남겼는데, 누군가를 위해 그린 그림 그리고 '그들의 부모에게도'라는 글귀는 아이를 키우는 엄

마로서도 읽어볼 만한가보다, 라고 생각하게 된다. 그렇게 마음의 준비를 하고 여행을 시작한다.

작은 벽돌은 엄마 벽돌과 함께 여행을 떠난다. 대여섯 개의 우뚝 솟은 건물이 양쪽 면에 걸쳐 펼쳐진다. 작은 벽돌은 어디에 있을까? 숨은그림찾기를 해야 할 정도로 웅대한 빌딩 숲 사이에 엄마 벽돌과 작은 벽돌의 아주 작은 뒷모습이 보인다. "위대한 것들은 작은 벽돌에서 시작한단다. 주위를 보렴, 그러면 알게 될 거야"라고 엄마 벽돌은 작은 벽돌에게 알려준다. 길가의 집, 우체국, 소방서, 학교도 모두 작은 벽돌로 이루어져 있다는 사실을 알게 된다. 어느덧 작은 벽돌은 스스로 여행을 떠날 만큼 자라 세상 속에서 자신이 자리 잡을 곳을 찾기로 결심하고 항해를 나선다. 달 밝은 밤, 벽돌은 돛을 올리고 항해를 하는 동안 햇빛을 받아 점점 단단해진다.

ⓒ조슈아 데이비드 스타인, 줄리아 로스먼, 그레이트북스

그리고 드디어 새로운 곳에 닿아 모험을 시작한다. 말보르크 성과 아르크 요새에 가보고는 성벽이 되고 싶지 않다고 생각한다. 성벽 여기저기 전쟁의 흔적이 마음에 내키지 않는다. 성 바실리 대성당, 말위야 탑, 파크 이스트 유대교 회당, 마하보디 사원 등 기도를 올리는 공간에도 가본다. 벽돌은 그곳에서도 영감을 받지 못한다. 만리장성에 가보고, 그로스베너 아파트단지, 똑같이 생긴 벽돌집이 줄지은 레빗타운, 어느 시골의 빨간 벽돌집, 걷고 걸어 길 끝에 다다라 더는 앞으로 갈 수 없을 만큼 와서는 그 자리에 앉아 생각을 이어나간다. "위대한 것들은 작은 벽돌에서 시작한다"라는 엄마 벽돌의 말을 되뇌며 내면의 소리에 집중한다. 해가 지고 밤이 되어도 벽돌은 진지하게 생각한다. 해가 떠오르며 벽돌의 생각도 정리되기 시작한다. '내가 찾는 그곳은 바로 여기가 아닐까?' 작은 벽돌은 길 귀

통이에 자리를 잡는다. 다양한 곳을 여행하고 자신에게 집중해 생각한 끝에 다른 벽돌들이 자기 자리를 찾아 여행할 수 있는 길 위의 벽돌 하나가 되기로 한다. 이야기는 "위대한 것들도 작은 벽돌에서 시작하지만, 위대한 여행도 작은 벽돌에서 시작하거든"이라는 문장으로 끝을 맺는다.

좌우로 펼쳐진 그림책에 벽돌 길이 이어진다. 우리를 안내하던 작은 벽돌은 길 위의 한 곳을 차지한 채 편안하게 웃고 있고, 그 길 위를 또 다른 벽돌이 걸어가고 있다. 길 너머에 벽돌로 만들어진 건물이 보인다. 길과 건물은 연한 주황색이고, 길가의 벤치와 꽃, 나무, 풀 들은 흰색이다. 꽃, 나무, 풀이 이룬 숲은 연한 회색빛이다. 이 책에는 명도와 채도가 다양한 주황색, 흰색, 회색, 검은색 등 색상의 대비와 조화 속에서 읽을 수 있는 이야기가 있다. 글을 읽지 않아도 작은 벽돌의 발자취를 따라가며 만나는 세계 건축물 그림만으로 흡족한 여행이 된다.

이야기의 마지막 장면에 이어서 "책 속에 소개된 다양한 건축물"이 부록처럼 소개된다. 이야기에 나왔던 성과 요새, 성당, 회당, 사원, 성벽, 아파트, 타운, 시골집 등은 세계 곳곳의 실제 건물이다. 다양한 건축물의 사진과 위치, 간단한 소개는 우리를 이곳저곳으로 여행하게 한다. 코로나19로 인해 해외여행을 가지 못한 갈증을 조금이나마 해소해준다.

기회가 된다면 미국 뉴욕주 롱아일랜드의 레빗타운에 가보고 싶다. 똑같은 조립식 건물이 즐비한데, 한 채를 짓는 데 16분밖에 걸리지 않는다고 한다. 조립식 건물은 제2차 세계대전이 끝난 후 전쟁터에서 돌아온 군인과 그들의 가족을 위해 지은 집이며, 레빗타운은 윌리엄 레빗이라는 부동산 개발자가 오래된 감자 농장을 사들여 만든 미국의 첫 번째 교외 도시이다. 이곳에 가보고 싶은 이유는 뭘까? 작은 벽돌처럼 나에게 집중하며 생각해본다. 전쟁을 치르고 돌아온 군인과 기다리던 가족에게 안식처가 되어준 것이 좋다. 책이 있다는 것만으로 대형 서점과 도서관은 내게 안식처가 된다. 안식처에 가보고 싶은 내 마음을 차분히 알아차린다. 그곳이 집터가 아니라 감자밭이었다는 사실도 매력적이다. 허허벌판에서도 다시 일어설 수 있는 힘 또한 레빗타운이 나를 향해 손짓하는 이유 중 하나이다. 책장을 넘기면 세계 유명 건축물 구경은 덤이요, 나만의 생각과 마음에 집중하는 여행을 하게 된다. 나를 찾는 위대한 여행, '작은 벽돌'과 함께 한 걸음 한 걸음 내딛어보자.

함께 읽어요!

『**마음여행**』 김유강 지음 | 오올

부제는 "잃어버린 나의 마음을 찾아서"이다. 마음이 사라지면 어떨까? 힘들지만 유쾌한 마음 여행을 통해 성장의 의미를 깨닫게 된다.

『**멋진, 기막히게 멋진 여행**』 마티아스 더 레이우 지음 | 그림책공작소

붓의 터치가 매우 과감하며 환상적인 분위기의 그림 속으로 여행하게 한다. 글이 없는 그림책으로 그림에 집중하게 된다. 빨강 바지 아저씨와 함께 나무다리를 타고 떠나자.

『**보물**』 유리 슐레비츠 지음 | 최순희 옮김 | 시공주니어

이삭은 보물을 찾기 위해 먼 길을 떠난다. 결국 보물은 자기 집 아궁이 밑에 있다는 사실을 알게 되기까지의 과정이 아름다운 그림과 함께 그려진 보물 같은 책이다.

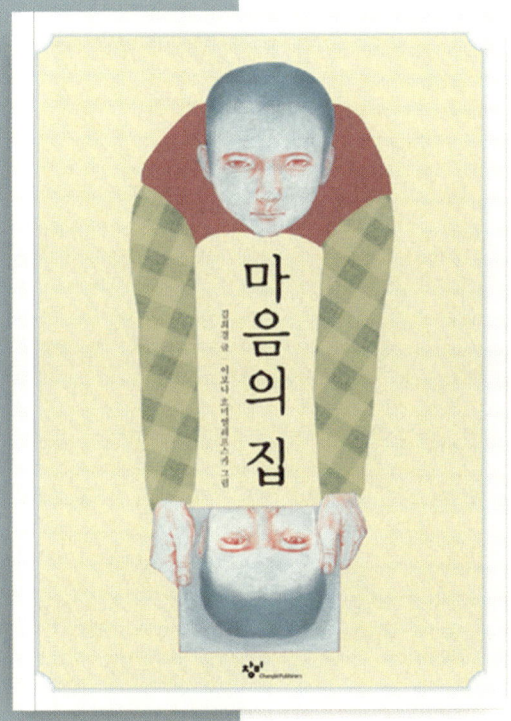

『마음의 집』

김희경 글 | 이보나 흐미엘레프스카 그림
창비

들려주세요,
마음이 보고 싶거든

| 변영이

『마음의 집』을 만난 지 10년이 넘었다. 그 당시 아동출판계의 노벨문학상으로 불리는 볼로냐아동도서전 라가치상 논픽션 부문 대상을 한국 최초로 수상한 작품이라고 크게 홍보를 했다. 아이를 위해 북콘서트에 참석했는데, 실은 내가 더 의미 있는 시간을 보냈다. 아이의 서가에서 내 서가로 넘어와 슬그머니 자리 잡게 된 책이기도 하다. 관계에서 부대낌이 있거나 이유 없이 우울할 때 한 번씩 꺼내 읽으며 애정하는 그림책이 되었다.

환갑을 앞두고 힘들어하는 분께 이 책을 권했다. 한참 시간이 지난 뒤 책이 큰 위로가 되었다며 고맙다고 하셨다. 징글징글했던 시집살이, 모나고 예민한 시어머니가 돌아가시고 홀가분해시리라 여겼지만 그렇지 못했더란다. 책을 읽다가 울컥 감정이 올라와서 보니,

내가 예전에 이래서 힘들었구나, 마음 상태를 뒤늦게 알아차렸다고도 하셨다.

『마음의 집』은 누구에게나 있지만, 잘 알 수 없는 마음을 집이라는 이미지로 형상화하여 '마음은 어디에 있을까?', '마음은 무엇일까?', '마음의 주인은 누구일까?' 같은 철학적인 대화를 끌어낸다. 책 표지에 팔을 길게 뻗어 거울을 들고 있는 소년이 보인다. 푸르스름한 얼굴, 붉은 선으로 그려진 표정은 오묘하다.

마음의 집에 들어서는 앞 면지에 문이 보인다. 독자를 집으로 초대하는 듯하다. 그 소년을 통해 마음의 집 문턱을 넘는다. 집 안에 들어서면 문, 방, 창문, 계단, 부엌, 화장실을 순서대로 만난다.

이 책의 특별함은 책만이 할 수 있는 영역, 손에 잡히는 물성을 영리하게 활용한 데 있다. 책장을 넘기는 각도에 따라 속도에 따라 마법처럼 다양한 이미지가 펼쳐진다. 비둘기의 날갯짓, 할머니와 아기의 입맞춤, 따뜻해 보이는 손짓이 살아 움직이는 것처럼 다가온다. 마지막 펼침면 접지선에 의문스러운 이미지가 보인다. 글인지 그림인지 읽어낼 수가 없다. 책을 접었다 폈다 하다 보면 수수께끼가 풀린다. 작가가 숨겨놓은 의도를 곰곰이 생각해보게 된다. 내 마음을 지금처럼 들여다보라는 것일까? 책이 던지는 질문에 대해 좀 더 사유하라는 것일까? 참으로 돋보이는 마무리인 듯싶다.

마음의 집을 나서는 뒷면지에 또 다른 문이 보인다. 밝은 파란

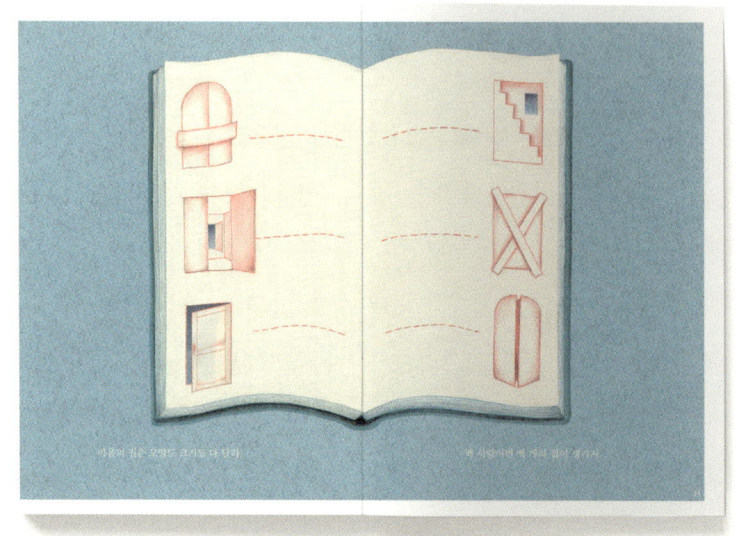

색에 하얀 구름들이 담겨 있다. 마음의 집을 누비는 동안 몽실몽실해진 상태를 이미지화했을까? 그런 작가의 바람을 살포시 담아낸 건 아닐까 싶다.

    김희경 작가는 철학과 미술사학을 전공하고, 미술관 아동 교육 프로그램 기획자로 활동하던 중에 이 글을 썼다. 눈에 잘 보이지 않는 것에 주로 관심을 가지는 작가, 마음을 소재로 삼은 것도 그런 이유에서였다고 한다. 마음에 대한 글을 써보려고 궁리하다가 "마음이 무너진다", "마음이 열린다" 같은 표현에서 건축 같다는 생각이 들었고, 집이라는 화두가 떠올랐다고 한다.

이 책의 그림을 그린 이보나 흐미엘레프스카는 대학에서 그림책 강의를 하며 다양한 미술 분야에서 활동하고 있다. 적정한 거리를 두고 세상을 바라보는 일에서 그림책 작업의 영감을 얻고, 작품을 만드는 작업이 빈칸이 많은 수학 문제를 풀고 공식을 대입하는 것과 비슷하다고 말한다. 논픽션을 시적으로 풀어내는 작업을 좋아한다는데, 이 책에서 그 매력을 담뿍 느낄 수 있다.

한국의 글작가와 폴란드의 그림작가가 만나 일을 벌였다. 국가와 언어의 장벽을 뛰어넘는 협업 과정을 살펴보니 또 하나의 이야기가 펼쳐진다. 이보나 흐미엘레프스카는 폴란드 작가이지만 한국에서 2004년부터 그림책을 내기 시작하며 많은 사랑을 받고 있어 "메이드인 코리아의 폴란드 작가"라고 불린다. 이 책 기획자인 이지원과 볼로냐에서의 인연으로 한국에서 첫 그림책을 낸 사연이 있다.

2008년 볼로냐에서 김희경 작가가 글을 보여주고 이보나 흐미엘레프스카 작가가 그림 작업을 하기로 약속한 뒤, 2009년 볼로냐에서 그림 스케치를 확인하는 만남을 가졌고, 2010년 한국에서 『마음의 집』을 출간해 2011년 볼로냐아동도서전 라가치상 논픽션 부문 대상을 받았다. 볼로냐에서 시작된 인연이 볼로냐에서의 멋진 수상으로 마무리됐다.

우울한 순간, 위로가 필요한 순간 마음의 집에 들러보시라. 철학적인 글이, 서정적인 그림이 깊은 울림을 주는 순간을 느껴보길…. 묵묵히 내 마음을 받아주고 토닥토닥 다독여주는 순간을 만나보길….

📖 함께 읽어요!

『이게 정말 마음일까?』 요시타케 신스케 지음 | 양지연 옮김 | 주니어김영사

마음이 무엇인지 물음표를 던지는 주인공을 따라가보자. 작가 요시타케 신스케만의 독특함이 돋보이는 유머 코드에 공감하게 된다. 색다른 위로를 받는 자신을 마주하게 될지도 모르겠다.

『내 마음은』 코리나 루켄 지음 | 김세실 옮김 | 나는별

검은색과 노란색으로 그려낸 마음은 어떤 느낌일까? 마음을 은유적으로 표현한 글, 수성잉크와 연필로 담백하게 담아낸 그림을 만날 수 있다. 책 속 "내 마음은 창문", "내 마음은 미끄럼틀"처럼 자신만의 단어로 바꿔보아도 좋겠다.

『마음의 주인』 이기주 지음 | 말글터

"마음을 온전히 느끼고 누리는 삶에 대하여"라는 부제가 눈에 띄는 책이다. 조금 더 긴 호흡으로 마음에 관한 탐색을 시도하고 싶다면 이기주표 산문집을 추천한다.

『나는 강물처럼 말해요』
조던 스콧 글 | 시드니 스미스 그림
김지은 옮김 | 책읽는곰

말을 더듬는 건
두려움이 따르지만
아름다운 일이에요

| 백화현

하얀 파도가 출렁이는 강물에 몸을 반쯤 담근 채 한 소년이 물을 내려다보며 엉거주춤 서 있다. 걸어온 뒤편은 동굴처럼 어두운데 소년의 머리 위에는 햇살이 반짝이고 주변으로 하얗게 부서진 물방울들이 노래하듯 튀어 오른다.

캐나다 대표 시인 조던 스콧의 글과 케이트 그린어웨이상 수상 작가 시드니 스미스의 그림이 만나 탄생한 『나는 강물처럼 말해요』는 표지부터 시선을 사로잡는다. 열 살이 채 안 되어 보이는 가냘픈 소년의 얼굴에는 우수가 어려 있다. 콧잔등 주변으로 넓게 퍼져 있는 주근깨, 다소곳이 내려 뜬 눈, 작게 다문 입…. 금세 눈물을 쏟을 것 같은, 그러면서도 침착하고 의연한, 아이와 노인, 슬픔과 달관이 뒤섞여 있는 이 소년은 책장을 넘기기도 전에 독자의 마음을 뒤흔든다.

내 방 창 너머로 보이는 소나무의 스-.

소나무 가지에 내려앉은 까마귀의 끄-.

아침 하늘에서 희미해져 가는 달의 드-.

(…)

그리고 나는 그 어떤 것도

말할 수가 없어요.

이야기는 이렇게 시작이 된다. 소나무의 "스-"가 입안에 뿌리를 내리며 혀와 뒤엉켜버리고, 까마귀의 "끄-"는 목구멍 안쪽에 딱 달라붙어버리며, 달의 "드-"는 마법처럼 입술을 지워버리는 바람에 소년은 그저 웅얼거릴 수밖에 없다. 그렇기에 아이는 아침마다 낱말들의 소리와 함께 깨어나지만 입은 돌멩이처럼 조용하다.

아이는 소리 없이 아침밥을 먹고, 말없이 학교 갈 준비를 한 후, 학교에서는 맨 뒷자리에 앉는다. 말을 할 일이 없기를 바라며. 그러나 그런 기적은 일어나지 않는다. 선생님이 아이에게 뭔가를 물어보면 모든 아이가 소년을 돌아다본다. 그리고 소년이 저희들처럼 말하지 않는다는 것에만 귀를 기울이고, 소년의 얼굴이 얼마나 이상해지는지만 살펴보며, 소년이 얼마나 겁을 먹는지 바라다본다.

자신을 바라보는 뭇시선 앞에 우두커니 서서 그 눈총을 아득히 견뎌내는 소년을 보고 있노라면 가슴이 미어진다. 아이의 입에서 "소나무"라는 소리가 아닌, 무수한 소나무 가지가 뻗어 나와 아이 자신마저 공포에 질린 얼굴을 한 모습을 보고 있노라면 심장이 찢어질 듯 아프다.

이처럼 공포스러운 날에 아빠는 아이를 마중 나오곤 한다. 그리고 아이를 강가로 데려간다. 아무도 없는 조용한 곳에 아빠와 단둘이 있으면 아이는 마음이 편안해진다. 하지만 학교에서의 일들이 떠올라 배 속에서는 폭풍이 일고 두 눈에는 눈물이 차오른다. 그러면 아빠는 아이를 가까이 끌어당겨 안고서 강물을 가리키며 말한다.

"강물이 어떻게 흘러가는지 보이지? 너도 저 강물처럼 말한단다."

읽는 내내 가슴이 시큰거리고 눈시울이 붉어지는 이 작품은 조던 스콧의 자전적 이야기이다. 그는 자신의 경험을 바탕으로 말을 더듬는 아이의 입안에서 벌어지는 일들과 이로 인한 당혹감과 공포, 외로움과 슬픔, 이를 넘어서는 과정을 비유와 이미지 가득한 시적인 언어들로 섬세하게 묘사한다. 그리고 시드니 스미스는 그 정황과 정서를 그만의 선과 색, 틀을 활용하여 더욱 생생히 우리 눈앞에 보여준다.

세계적으로 유명한 『거리에 핀 꽃』, 『바닷가 탄광 마을』에 그림을 그리고, 『괜찮을 거야』를 쓰고 그린 시드니 스미스는 유난히 작고 여린 존재들에게 깊은 애정을 보이는 듯하다. 그는 사각의 틀과 흐린 선, 무채색을 주조로 위축된 인물의 내면세계를 묘사하곤 한다. 그러나 핵심 소재나 결정적인 장면에서는 강렬한 원색이나 굵고 진한 선, 틀을 제거한 무한의 공간을 주저하지 않는다.

『나는 강물처럼 말해요』에서는 그 특징이 도드라진다. 아이가 움츠러들어 있을 때는 사각의 틀에 흐릿한 선과 무채색이 주를 이루지만, 아이가 아빠와 강가를 걸으며 안정감을 느낄 때는 그 틀도 사라지고 색과 선이 밝고 선명하다. 그리고 아이의 입에서 무수한 소나무 가지가 뻗어 나와 공포에 질려 있는 장면에서는 적황과 검정의 어둡고 강렬한 색에 선들 역시 굵고 짙게 표현되어 있다. 그러다 이 책의 절정을 이루는, 소년이 "아빠는 말했어요. 내가 강물처럼 말한다고"라며 강물 속을 걸어 들어가는 장면에서는, 네 쪽으로 확장된 지면 가득 눈이 부실 만큼 아름다운 은빛 물결이 파노라마처럼 거대하게 펼쳐진다.

책 말미 에필로그에서 조던 스콧은 이렇게 말한다. "말을 더듬는 건 두려움이 따르는 일이지만 아름다운 일이에요. 물론 나도 가끔은 아무 걱정 없이 말하고 싶어요. 우아하게, 세련되게, 당신이 유창하다고 느끼는 그런 방식으로요. 그러나 그건 내가 아니에요. 나는 강물처럼 말하는 사람이에요."

본인이나 자녀의 경우가 아니라면 조던 스콧처럼 말하는 일은 어렵지 않을 것이다. 하지만 자신, 더구나 자녀가 말을 더듬는 경우 조던과 그의 아버지처럼 의연할 수 있을까? 이리 부딪고 저리 치이더라도 자신만의 아름다움을 빛내며 끝내는 바다에 이르는 강물처럼, 내가 또 내 아이가 그럴 수 있으리라는 믿음을 가질 수 있을까? 읽는 내내 감동이지만 읽은 후 더욱 깊이 마음을 파고드는 이 책을 오래도록 곁에 두고 싶다.

함께 읽어요!

『괜찮을 거야』 시드니 스미스 지음 | 김지은 옮김 | 책읽는곰

시드니 스미스가 글도 쓰고 그림도 그린 첫 번째 그림책이다. 잃어버린 고양이를 찾기 위해 눈보라 치는 거리를 헤매는 소년의 애틋한 몸짓을 통해 무심히 지나친 작은 생명체와 이웃을 돌아보게 한다.

『바닷가 탄광 마을』 조앤 슈워츠 글 | 시드니 스미스 그림 | 김영선 옮김 | 국민서관

엄마가 시킨 심부름을 하거나 친구들과 놀다가도 바다 저 아래 탄광에서 일하는 아빠를 걱정하는 아이의 독백이 가슴을 절절히 울리는 작품이다.

『거리에 핀 꽃』 존아노 로슨 기획 | 시드니 스미스 그림 | 국민서관

아빠와 함께 집으로 가는 길, 아이는 거리 곳곳에 핀 풀꽃들을 꺾어 죽은 새와 벤치에서 낮잠 자는 할아버지 옆에 놔주기도 하고, 강아지 목에 꽂아주기도 하고, 집에 도착해서는 엄마와 동생들, 그리고 자신의 머리에도 꽂는다. 현대인의 얼어붙은 마음을 녹이는 훈훈한 작품이다.

『…아나톨의 작은 냄비』
이자벨 카리에 지음 | 권지현 옮김 | 씨드북

누구에게나
하나쯤은 있는 작은 냄비

| 손효순

　무슨 일이든 척척 잘 해내고 매사 고민 따위는 안 할 것 같은 친구가 있다. 어느 날 그 친구가 "새로운 일을 시작하려면 얼마나 가슴을 졸이고 생각이 많아지는지…. 이런 점이 내 콤플렉스야"라고 말해서 무척 놀랐다. 항상 당당하여 세상 살아가는 데 거침이 없는 줄 알았던 친구에게도 소심함이 자리하고 있다는 걸 알고는 이 그림책이 떠올랐다.
　어느 날 갑자기 머리 위로 떨어진 작은 냄비를 달그락달그락 끌고 다녀야만 하는 아나톨. 그 냄비가 왜 떨어졌는지, 왜 하필 아나톨이었는지 모르지만, 사람들은 그 냄비를 자꾸 쳐다보며 이상하다거나 무섭다고 한다. 다른 사람들과 함께 지내는 데 걸림돌인 작은 냄비 때문에 아나톨은 평범한 아이가 될 수 없다. 친구들과 놀기 위해 남들보다 더 노력하고 생각대로 되지 않을 때는 화도 내고 소리도 지른다. 나쁜 말도 하고 친구들을 때리기도 하여 벌도 받는다. 냄비가 없어졌으면 좋겠지만 그런 일은 일어나지 않는다. 걸리적거리는 작은 냄비로 인해 아무것도 할 수 없는 아나톨은 그만 숨어 버리고, 사람들은 아나톨을 잊어버린다. 그러던 어느 날, 아나톨의 냄비보다는 작지만 녹색 냄비를 가진 아주머니가 아나톨에게 다가온다. 숨어 있는 아나톨에게 다가온 한 사람, 그런데 아주머니는 누구에게나 냄비는 있다며 그 냄비를 지니고 살아가는 방법과 무서울 때 어떻게 표현해야 하는지, 아나톨이 무엇을 잘하는지 가르쳐준다. 그리고 그 냄비를 넣고 다닐 수 있는 가방을 선물한다.

아직도 아나톨은 작은 냄비를 달그락달그락 가지고 다니지만 이제는 잘 보이지 않고 어디에도 걸리지 않는다. 친구들과도 마음껏 뛰어놀 수 있게 되자 아나톨은 다시 명랑한 아이가 되었고, 사람들은 그림도 잘 그리고 상냥한 아나톨을 많이 칭찬한다. 아나톨은 예전의 그 아나톨(상냥하고 그림도 잘 그리고 음악도 사랑하는, 잘하는 게 아주 많은 아이)이었는데 말이다.

책 제목을 보면 가운뎃점 세 개를 먼저 찍은 후 『…아나톨의 작은 냄비』라고 한 점이 신선하다. 그 점 세 개가 무엇을 의미하는지 작가의 의도를 궁금해하며 책 표지를 넘기면 은은한 연둣빛 바탕에 연필로 그려진 잔잔한 꽃들이 있는 면지를 마주하게 되는데,

이 그림책을 통틀어 유일한 바탕색이다. 이야기 초반 아나톨은 검정, 빨강, 초록 색연필로, 다른 사람은 검정색으로만 그려 아나톨의 상태에 더욱 집중하게 만든다. 냄비가 머리에 떨어졌을 때 아파하는 표정, 좋아하는 음악을 들으며 행복해하는 표정, 그리고 뜻대로 되지 않았을 때 화내거나 소리 지르는 표정, 특히 작은 냄비로 인해 아무것도 할 수 없게 된 아나톨이 숨어버리기로 마음먹고 냄비를 뒤집어쓴 후 점점 작아지는 네 컷의 그림에서 아나톨의 고단함과 안쓰러움이 고스란히 전해진다.

아나톨에게 도움을 주는 아주머니를 시작으로 다양한 색으로 표현된 그림을 따라가다 보면 평범한 일상에서 행복해하는 아나톨을 마주하며 어느 순간 미소가 절로 나온다.

오랜 시간 정성을 들여 그림책을 만드는 이자벨 카리에는 장애가 있는 딸을 둔 엄마로 살면서 느꼈던 작은 소망들을 섬세한 언어와 그림으로 표현했다. 딸이 가진 장애가 세상을 살아가는 데 걸림돌이 아니라 다른 사람과의 작은 차이일 뿐이라고, 그래서 아나톨이 가진 냄비에 "작은"이라는 수식어를 붙여 서로 다른 "작은" 차이라고 힘주어 말한다.

아나톨이 처음부터 작은 냄비 때문에 힘들어했던 것은 아니다. 아나톨은 갑자기 머리 위로 떨어진 냄비를 어쩔 수 없이 달그락달그락 끌고 다녔지만, 병문안을 갈 때는 냄비에 꽃을 담아가기도

ⓒ이자벨 카리에, 씨드북

했고, 그림을 그릴 때는 발 받침대로 사용하기도 했으며, 음악을 들을 때는 냄비 위에 편안히 앉아 있기도 했고, 고양이에게 먹이를 주는 그릇으로도 사용했다. 그렇게 잘 사용하던 작은 냄비가 사람들의 편견과 일상에서의 불편함 때문에 아나톨을 친구들과도 어울릴 수 없게 만들고 결국 주눅이 들게 했고 급기야는 숨게 했다.

　　어쩌면 아나톨은 그 작은 냄비 때문에 남들보다 더 감성적이고 사랑이 많으며 예술적 감각이 풍부했는지도 모른다. 그렇게 작가는 아나톨이 보통의 사람처럼 되기 위해 더 열심히 노력해야 하는 현실과 맞서는 데 지쳐 숨기를 선택한 절망 등을 간결하면서도 소박하지만 누구나 공감할 수 있게 표현했다.

　　이 그림책으로 프랑스의 권위 있는 아동 청소년 문학상인 소르시에르상을 수상한 작가의 "나 같은 사람이 상을 받을 수 있다니 정말 기쁘다. 세상과 더 가까워진 느낌이다"라는 수상 소감은 세상과 가까워지기 위한 방법은 서로 차이를 인정하고 존중하는 것임을 강조하고 있다.

『…아나톨의 작은 냄비』는 5분짜리 단편 애니메이션으로도 제작되어 2014년 제18회 SICAF 국제 애니메이션 영화제에서 상영되었다. 작은 냄비를 끌고 다니며 부딪치는 상황에서 아나톨의 표정과 움직임은 그림책과는 다른 공감을 불러일으킨다.

누구에게나 찾아올 수 있는 작은 냄비, 이미 모두 하나쯤은 가지고 있을지도 모르는 작은 냄비, 그걸 함께 꺼내보며 공감하고 희망을 품는 것만으로도 이 시대를 살아가는 우리들에게 "괜찮아, 잘 될 거야…"라는 조용한 위로가 되는 그림책이다.

함께 읽어요!

『치킨 마스크』 우쓰기 미호 지음 | 장지현 옮김 | 책읽는곰

잘하는 것이 없다며 열등감에 사로잡혀 있는 치킨 마스크는 친구들의 마스크를 써보고 친구들처럼 되어보기도 하지만, 결국 자신이 가장 잘하는 것을 찾아야 비로소 내가 된다며 대놓고 내가 좋다고 이야기한다.

『빨간 나무』 숀 탠 지음 | 김경연 옮김 | 풀빛

절망만 이어져 아픔과 슬픔이 계속될 것만 같은 날의 연속이지만, 그래도 희망은 누구의 것도 아닌 바로 자신이 바라던 모습으로 아주 가까이 있음을 보여준다.

『잃어버린 영혼』
올가 토카르축 글 | 요안나 콘세이요 그림
이지원 옮김 | 사계절

서사가 멈추면
그림이 이야기를 시작한다

| 유주현

"이 책은 어른 속에 살고 있는 꿈꾸는 아이를 위한 책이에요. 우리가 기억하는 어린 시절. 그때는 지루해할 줄 알았고 그 지루함 속에서 멋진 것들이 탄생하곤 했죠." _ 올가 토카르축

핸드폰으로 모든 세계가 내 손안에서 펼쳐지고, 버튼 하나로 쉽게 와닿는 세상에서 기다림이란, 지루함을 이해하기란 얼마나 고되고 어려운 일인가. 우리는 일을 아주 많이 빨리 하는 사람처럼 땀 흘리고 애쓰면서 먹고 자고 운전하고 일하며 잘 살아간다. 하지만 누군가 우리를 내려다본다면 수학 공책의 촘촘한 모눈 위를 이리저리 쳇바퀴 돌듯 움직이며 무채색의 일상을 살아가는 것 같을지도 모른다.

이 책은 영혼을 잃어버린 것도 모른 채 바쁘게 살아가는 한 남자와 그 남자를 찾아 헤매는 영혼의 이야기이다. 일을 많이 빨리 하던 남자는 어느 날, 출장 중 호텔 방에서 자신이 왜 여기 있는지 여기가 어디인지 그리고 이름이 무엇인지도 기억하지 못하게 된다. 겁이 난 남자는 현명하고 나이 든 의사를 찾아가 상담을 한다. 의사는 남자에게 약 대신 자기만의 장소를 찾아 편안히 앉아서 아무것도 하지 않은 채 영혼을 기다려야 한다고 처방한다. 남자는 도시 변두리에 작은 집을 구해 매일 의자에 앉아 아무 일도 하지 않은 채 머리가 길게 자라고 수염이 허리에 닿을 때까지 영혼을 기다린다.

　남자와 잃어버린 영혼과의 헤어짐과 만남의 여정은 서사와 그림의 역동적인 관계 속에서 잘 표현된다. 남자와 영혼이 헤어지고 남자가 홀로 영혼을 기다린다는 이 책의 서사는 대부분 첫 장에 담겨 있다. 그 첫 장을 지나면 영혼과 남자가 다시 만나기 전까지 영혼을 기다리는 남자의 지루한 시간과 남자를 찾아 헤매는 영혼의 험난한 여정이 그림으로만 펼쳐진다. 서사는 멈춰 있고 그림만으로 이야기가 전개된다. 독자는 한 장의 서사와 그 서사가 멈춘 지점에서 시작되는 그림 속에서 잃어버린 영혼을 쫓아 들어간다.

　영혼은 컴컴함 밤거리에서, 대낮의 카페에서 주인을 기다리기도 하고 사람이 북적이는 댄스파티에서 기웃거리다가 혼자 덩그러니 노을 진 창밖을 바라보기도 한다. 그러다 어느 늦은 오후, 문 두

드리는 소리가 나고 남자 앞에는 지치고 더럽고 할퀴어진 영혼이 숨을 헐떡이며 서 있다. 그 후 남자는 영혼이 따라올 수 없는 빠른 속도로는 어떤 일도 하지 않은 채 조심히 오랫동안 영혼과 행복하게 살아간다.

그림작가는 이야기에 적합한 글의 배치와 배경과 분위기를 만들기 위해 자신만의 선, 색, 모양, 명암, 질감을 사용한다. 그림작가가 흑연으로 표현한 영혼을 기다리는 남자의 모습은 여백으로 가득 찬 공간에 멈춰 선 듯 단순한 신으로 그려지고, 남자의 머리 길이를 통해서만 시간의 변화를 느낄 수 있다. 반면 잃어버린 영혼이 남자를 찾아가는 여정은 짙고 어두운 선으로 그려진다. 여백 없이 가득 찬 굵고 짙은 흑연의 무거운 질감은 남자를 찾아가는 영혼의 여정이 힘듦을 극대화시키고 남자와 영혼이 만나기 전까지 그 느리고 지루한 시간은 흑백사진 속 빛바랜 시간처럼 그려진다.

그리고 남자와 영혼이 만나는 순간 다시 서사가 시작되고, 무채색의 지루한 기다림의 시간은 색을 담은 현재의 시간으로 변화한다. 흑백사진같이 거칠고 어두운 흑연의 스케치는 남자와 잃어버린 영혼이 만나는 순간부터 신선한 이파리가 자라고, 다양한 꽃과 색이 어우러진 화려하고 입체적인 색채의 그림으로 변화한다. 색연필의 화사하고 따뜻한 색채는 남자와 영혼이 만나는 행복한 현재의 시간을 생동감 있게 표현하는데, 초록 식물이 가득한 방과 붉은색 꽃으로 둘러싸인 풍경 속에서 남자와 영혼은 함께 이야기를 나누며 평화롭고 행복한 시간을 보낸다.

올가 토카르축의 아름다운 서사와 요안나 콘세이요의 스케치는 서사와 그림의 만남, 서사와 그림의 역동적인 관계를 잘 드러낸다. 글과 그림을 "관계 있게 배치하면 둘의 의미는 변화하고, 둘은 단순히 합친 것 그 이상의 리듬을 만들어낸다". 영혼을 찾아가는 여정에서 서사는 멈추고 그 서사가 멈춘 자리에서 그림이 이야기를 이끌어가고 다시 서사와 만나면서 잃어버린 영혼과 남자의 역동적인 만남이 글과 그림의 관계 속에서 펼쳐진다.

어느 날 갑자기 내 이름이 기억나지 않는다면, 내가 무슨 일로 왜 여기에 있는지 여기가 어디인지 모르게 된다면, 내 몸 안에 어떤 사람도 없이 비어 있는 느낌이 든다면, 그리고 욕실 거울 속에서 연기처럼 뿌옇게 사라진 자신을 발견한다면, 우리는 바쁜 일상을 내려놓고 빠르게 열심히 많은 일을 하느라 내가 놓친 잃어버린 영혼을 찾는 지루한 기다림의 시간을 시작해야 한다. 시계도 묻어버리고 트렁크도 던져둔 채, 핸드폰을 멀리 두고 천천히 느리게 지루하게 내가 꿈꾸던 어린 시절, 기다림과 지루함을 알고 그 지루함 속에서 멋진 것을 발견하던 그 어린 시절을 기다려야 한다. 그 지루한 기다림의 시간과 공간에서 그림책이 전하는 서사와 그림의 역동적인 관계를 발견하는 것은 독자의 큰 기쁨이다.

함께 읽어요!

『**까치밥나무 열매가 익을 때**』 요안나 콘세이요 지음 | 백수린 옮김 | 목요일
아버지의 죽음을 기린, 섬세하고 화사한 소묘로 가득 찬 추억의 사진첩, 작은 화집 같은 그림책이다.

『**천사의 구두**』 조반나 조볼리 글 | 요안나 콘세이요 그림 | 이세진 옮김 | 단추
구두 외에는 관심이 없던 아버지와 만년설이 뒤덮인 빙하의 침묵보다 더 깊게 입을 다물었던 아들이 어느 날 천사를 만나면서 대화를 시작한다. 갖가지 모양의 구두와 요안나 콘세이요의 상징적인 그림이 돋보이는 그림책이다.

『블레즈씨에게 일어난 일』

라파엘 프리에 글
줄리앙 마르티니에르 그림 | 이하나 옮김
그림책공작소

일요일 밤 블레즈씨는 어디에 있을까?

| 유수진

    일과 삶의 균형을 이루는 일은 왜 그렇게 힘들까? 온라인 쇼핑몰 새벽 배송 전담반에서 일하던 택배 노동자의 죽음에 대한 기사를 봤다. 모두가 "워라밸"을 외치며 일과 삶의 균형을 이루기 위해 노력한다지만 여전히 일과 삶의 불균형으로 건강을 잃거나 심지어 목숨을 잃는 일도 일어난다. 먹고살기 위해서는 균형 따위 생각할 겨를도 없는데 먹고살려면 쉬는 것도 잘해야 한다고 한다.

    오늘도 서둘러 집을 나서는 당신에게

    『블레즈씨에게 일어난 일』의 앞면지를 넘기면 나오는 문구이다. 매일 아침 서둘러 집을 나서는 우리가 받아 보는 뉴스레터의 머리말 같다. 월요일 아침 자신의 변화를 알게 된 블레즈씨는 장화와 통 넓은 바지로 걱정거리를 감추고 회사 일에 열중하지만 그럴수록 블레즈씨의 몸은 점점 털로 뒤덮여 집 안에서 잠을 잘 수도 없게 된다. 목요일 늦은 밤, 잠에서 깨어난 그는 곰으로 변해 숲으로 떠난다. 블레즈씨는 곰이 되어서야 쉴 수 있었다. 겨울잠을 자는 곰처럼.

　　블레즈씨는 일곱 시도 안 되어 출근을 준비한다. 창밖은 아직도 어둡다. 겨울이라서 해가 뜨지 않았을 수도 있고 블레즈씨에게만 해가 뜨지 않았을 수도 있다. 걱정거리를 감추기 위해 애쓰며 업무에 열중하는 블레즈씨 뒤로 창문이 보인다. 밖은 캄캄하다. 벽에 걸린 시계는 10시 10분을 지나고 있다. '회사에 가야 하니까', '학교에 가야 하니까', '밥을 해야 하니까'. 사회와 관계가 부여한 역할에 얽매여 자신을 잃어가는 우리가 바로 블레즈씨다.

　　이 책은 표지부터 본문까지 초록색과 파란색으로 채워져 있다. 청량한 색감은 보는 것만으로도 힐링이 된다. 특히 표지의 욕실 그림은 정글 같기도 하고 어느 휴양림 숙소의 욕실 같기도 하다. 커다란 산이 그려진 액자부터 다양한 화분과 벽지까지 어느 하나 푸른 숲을 떠올리지 않게 하는 것이 없다. 가득한 푸른색과 대비되는 색은 주황색이다. 블레즈씨가 일하는 사무실은 주황색이 가득하다. 그의 긴장과 불안이 그대로 느껴진다. 바라보는 것만으로도 심장박동이 빨라진다. 푸른색과 주황색은 블레즈씨의 엇갈린 마음이다.

　책은 장면마다 그의 몸과 마음이 반대 방향을 향하고 있음을 보여 준다. 재미있는 것은 도시의 모든 사람은 붉은색으로 표현되었지만 블레즈씨만큼은 줄곧 초록색으로 표현되었다는 것이다. 마음은 속일 수 없다고 했다. 블레즈씨의 숨길 수 없는 마음은 자연으로 달려가고 있다. 그는 언제쯤 자신의 마음에 가닿을 수 있을까?

　그림 속 화분 역시 그의 마음을 보여주는 소재다. 그가 있는 곳이라면 어디든지 화분이 있다. 집 안 곳곳에도 화분이 있다. 집에 있는 화분들은 생기가 있다. 얼마나 애정을 담아 기르고 있는지 느껴진다. 하지만 회사에 있는 화분은 말라 있거나 이파리가 축 처져 있다. 시간이 지날수록 잎은 떨어져서 목요일이 되자 마른 잎 두 장만 매달려 있다. 힘들고 지치면 온몸의 물기가 모두 날아간 것처럼

©라파엘 프리에, 줄리앙 마르티니에르, 그림책공작소

바싹 말라버릴 때가 있다. 목요일의 블레즈씨는 바짝 마른 잎이다.

블레즈씨가 평화로워 보일 때가 있다. 커다란 화분 아래에 놓인 초록 소파에 누워 책을 읽고 있는 모습이다. 나뭇잎 모양의 패턴 벽지가 더해져 숲에 누워 있는 듯하다. 집에 자기만의 공간을 만들어 시간을 보내는 등 일상에서 느낄 수 있는 작지만 소소한 행복을 '소확행'이라고 한다. 큼지막한 화분과 나뭇잎 모양 패턴 벽지, 초록색 소파와 새 그림이 그려진 책은 블레즈씨의 소확행인지도 모른다. 하지만 여전히 걱정거리에 신경이 쓰이는 듯 내일이면 괜찮아질 거라고 되뇌며 책을 읽는다.

금요일

이제 모든 것이 괜찮아졌다!

괜찮아졌다니? 털로 뒤덮인 그는 지금 숲에 있다. 도시의 바쁜 일상에서 벗어나 화분 가득한 거실 대신 진짜 숲에서 휴식을 즐기고 있다. 블레즈씨는 소확행보다 좀 더 확실한 행복을 찾았다.

확실한 행복을 위해 남들과 다른 삶을 살아가는 사람들이 있다. 주말만큼은 일을 완전히 잊고 다양한 취미를 즐기며 살아가는 사람, 즐기면서 일하기 위해 여러 곳을 떠돌며 일하고 여행하는 '노마드족', 남들보다 이른 나이의 은퇴를 준비하는 '파이어족' 등이 그들이다. 일과 삶의 균형을 위해 젊어서부터 계획하고 준비하여 조금 일찍 여유로운 삶을 살아간다는 이들은 여유로운 삶이 시간의 여유가 많은 것만을 의미하는 것은 아니라고 말한다. 주어진 시간에 하고 싶은 일을 하는 것이 진짜 일과 삶의 균형이라고 이야기한다. 흔한 이야기지만 하고 싶은 일을 할 때 확실한 행복을 맛볼 수 있다.

하지만 그런 변화는 일부 사람에게 해당된다. 아직도 우리 사회 곳곳에는 워라밸을 꿈도 꾸지 못하는 사람이 더 많다. 최근 라디오 뉴스에서 전세보증금반환보증에 가입하면 전세금을 최대 7억 원까지 보호받게 된다는 소식을 들었다. 좋은 소식이건만 7억 원짜리 전셋집에 살려면 얼마나 일을 해야 할지 계산해보지 않을 수 없다. 제집도 아닌 전세를 마련하려고 해도 일과 삶의 균형은 무너지기 일쑤다. 기울어진 시소에 탄 우리는 균형점을 찾으려 흔들리며 어느 순간 공중에 떠올랐다 바닥으로 떨어질 수도 있다.

곰으로 변하는 자신을 숨길 수조차 없게 된 블레즈씨가 한밤중에 깨어나 도시를 떠난 것은 목요일이었다. 지금 우리는 무슨 요일에 살고 있을까? 어느 목요일 밤, 세상의 블레즈씨가 모두 사라지는 일은 없어야 할 텐데. 그나저나 일요일 밤에 블레즈씨는 어디에 있을까?

함께 읽어요!

『난 곰인 채로 있고 싶은데…』 요르크 슈타이너 글 | 요르크 뮐러 그림 | 고영아 옮김 | 비룡소

곰이 겨울잠을 자는 동안 숲이 흔적도 없이 사라지고 만다. 곰이 누비던 숲을 차지한 사람들은 곰에게 더는 곰이 아니라고 한다. 자신이 곰이라는 사실을 아무도 믿어주지 않는 세상에서 곰은 어떻게 자신을 찾아갈 수 있을까?

『매미』 숀 탠 지음 | 김경연 옮김 | 풀빛

회색빛 도시에서 인간의 동료로 인정조차 받지 못한 매미가 17년의 직장생활을 뒤로한 채 하늘로 비상하는 이야기이다. 잿빛 하늘을 가득 채운 진주홍색 매미가 인상적인 숀 탠의 그림을 보다 보면 인간을 향한 매미의 비웃음이 들리는 듯하다.

『새벽』 유리 슐레비츠 지음 | 강무홍 옮김 | 시공주니어

새벽의 차갑고 습한 공기를 들이켜본 사람은 안다, 새벽은 시간이 느리게 흐른다는 것을. 이 그림책을 펼칠 때는 심호흡을 크게 한 번 하자. 아주 천천히 한 장 한 장을 넘기며 할아버지와 손자의 긴 새벽을 따라가자. 모든 것이 하나가 되는 순간, 우리도 그 안에 스며들게 된다.

『연남천 풀다발』

전소영 지음 | 달그림

걷다가 친구를
만난 것처럼

| 황희진

　경기도 광주의 그림책 서점에서 우연히 만난 책이다. 그림책 주인공을 인형으로 만들어 전시한 책방에 갔다가 주인과 이야기를 나누게 되었고, 그러다가 작가 사인본이 있다는 안내를 받았다. 일고여덟 명의 작가들이 사인을 해두고 갔는데, 이 책이 내게 손을 내밀었다. 작가가 사인을 하며 쓴 "걷다가 친구를 만난 것처럼"이라는 문장이 가슴에 와닿아 온기가 되었다.
　"연남천 풀다발"이라는 제목은 표지 하단에 붓으로 직접 쓴 듯하다. 표지는 흰색 배경에 풀다발이 한가득 그려져 있는데, 화선지에 동양화 한 폭이 펼쳐진 느낌이다. 꽃다발은 들어봤어도 풀다발은 처음 듣는데, 표지 그림 덕분에 이 책 한 권이 그 어느 꽃다발보다 향기롭고 싱그러운 풀다발로 다가온다. 책 표지의 뒷면도 살펴봤다. 이 풀다발의 뒷모습이 그려져 있을까, 하는 호기심과 함께 뒤표지로 돌려보니, 상단에는 풀꽃 그림(책에 따르면, 작가가 8월 23일에 만난 환삼덩굴)이 그려져 있고, 중앙에 책 내용 일부가 적혀 있다.

어떤 풀은 뾰족하고 어떤 풀은 둥글둥글하다. 둥근 풀은 뾰족한 풀이 되기 위해 애쓰지 않는다. 세상이 아무리 시끄러워도 그 자리에서 묵묵히 잎을 키우고 열매를 맺는 너에게 오늘도 배운다.

코끝에 풀 내음이 맴돈다. 마중물 같은 글귀에 마음이 촉촉하게 젖어 든다. 비 오는 날, 풀잎 끝에 맺히는 투명한 이슬방울이 또르르 떨어져 내리며 속삭이는 이야기가 아닐까? 책과도 '시절 인연'이 있다고 한다. 같은 책도 어느 시기에 만나느냐에 따라 독자에게 다가오는 의미와 깊이가 달라진다고 한다. 『연남천 풀다발』은 걷다가 친구를 만난 것처럼 그렇게 우연히 만났다.

제목과 작가의 사인, 그리고 작가의 글귀를 지나서 한 장을 넘겨본다. 좌우 양쪽 면에 걸쳐 연남천이 그려져 있다. 지금 연남천에 나와 있는 듯하다. 개천 양옆의 산책로, 개천과 산책로 사이에 가득한 풀들, 개천 건너편 건물이 개천 물에 여울져 비친다. 진녹색과 황토색 빛이 가득한 그림에서 풀 향기가 난다.

한 장을 더 넘기면 "모든 것은 가을로부터 시작되었다"라는 첫 문장이 나타난다. 모든 것이 가을로부터 시작이라니? 봄, 여름, 가을, 겨울, 시작은 봄 아니었나? 의문과 함께 연남천 산책을 시작한다. 깃털처럼 가벼이 날아온 씨앗은 사람들의 발길이 닿지 않는 땅, 버려진 화분, 아스팔트 틈새에서 몸을 웅크린 채 다음 해를 기다린다.

떨어지는 단풍 사이로 피어나는 노오란 꽃을 보던 작가는 모두가 질 때 피는 꽃이 있으며 이것을 통해 모두에게 저마다의 계절이 있음을 통찰해낸다. 왼쪽 면에 노오란 산국, 오른쪽 면에 떨어지는 낙엽 한 장이 대비를 이룬다. "당장은 시리고 혹독하지만 지나고 보면 소중한 겨울처럼"이라는 글귀와 함께 겨울을 버텨내는 풀 그림이 이어진다.

쑥을 캐러 간다며 자랑하는 친구가 나온 작가의 꿈 이야기는 우리를 자연스럽게 봄으로 데려간다. 걷다가 친구를 만난 것처럼 봄을 만나게 된다. 뽐내지도 서두르지도 않으며 찾아오는 봄, 좁고 오염된 땅에 깊이 뿌리 내리며 자라는 봄꽃을 보며 투정 부리지 말아야겠다고 다짐한다.

봄이 끝나가는 즈음, 애기똥풀 풀대가 흐느적거리는 모습을 보며 풀은 물을 저장하지 않고 더우면 더운 대로 추우면 추운 대로 흙의 목소리에 귀 기울인다고 한다. 초록 여름을 지나 단풍잎의 그림자가 아른거리는 가을이 된다. 연남천 풀다발과 함께 가을, 겨울, 봄, 여름을 지나 다시 또 가을이 되며 작가는 풀의 특성을 통해 삶의 자세를 통찰한다.

글을 쓰고 그림을 그린 작가 전소영은 서울 연남동에 사는데, 매일같이 홍제천 산책을 하며 본 풀을 그렸다. 실제 지명은 홍제천이지만 작품에서는 동네 이름을 따서 '연남천'이라 이름 지었다고 한다. 날짜별로 연남천에서 만났던 풀들이 이름과 함께 그려져 있다. 한 면에 16종씩 총 32종의 풀 그림이 있는데, 32종의 풀들을 그 자체로 인정하고 아름답게 바라볼 수 있는 눈이 생긴다. 둥근 풀은 둥근 풀대로, 뾰족한 풀은 뾰족한 풀대로의 존재를 인정하게 되고 감사하는 마음이 든다.

마지막 펼침면에는 연남천의 겨울이 그려져 있다. 소복이 쌓인 눈길 위로 산책하는 사람들의 모습과 함께 추운 겨울이지만 자기만의 시기를 기다리며 제 몫을 해내며 겨울을 보내는 풀들이 눈에 보이기 시작한다.

걷다가 친구처럼 우연히 만나게 된 『연남천 풀다발』. 부디 당신에게 안녕 하고 인사하는 친구 같은 글이 되어 나와 친구가 된 책이 당신께도 친구가 되기를 바란다. 전소영 작가의 글과 그림을 직접 보게 된다면 풀 내음이 스며든 인생의 맛을 볼 수 있다고 소곤거려본다. 당신만의 연남천을 함께 산책할 친구는 "안녕"이라고 손을 흔들며 당신의 그때를 기다리고 있다.

함께 읽어요!

『꽃들의 시간』 황상미 지음 | 향

필름지를 책에 대고 손으로 움직이면 보이지 않던 그림들이 나타나 살아 움직이는 '옴브로 시네마' 기법을 활용한 독특하고 환상적인 그림책이다.

『풀친구』 사이다 지음 | 웅진주니어

골프장의 잔디 이야기를 통해 우리가 외면해온 것들에 대한 감정을 직면하게 된다. 잔디는 우리 마음의 소리에 귀 기울일 수 있는 기회를 준다.

『우리는 당신에 대해 조금 알고 있습니다』 권정민 지음 | 문학동네

어느 집이나 식물이 하나둘은 있기 마련이다. 식물이 우리의 물리적 공간은 물론 마음의 빈 곳에까지 들어와서 전해주는 이야기이다.

『어느 늙은 산양 이야기』

고정순 지음 | 만만한책방

마지막 미소를 짓는 순간, 돌아가다

| 유수진

　우리 일상에 쓰이는 많은 기기는 여간 복잡한 게 아니다. 손바닥만 한 휴대폰에 온 세상이 연결되어 있어 다양한 기능의 쓰임새를 일일이 알지 못하면 세상에서 밀려나는 기분마저 든다. 더구나 스마트폰과 같은 기기를 구입할 때 매장 직원이 실컷 설명하고 나서 못 믿겠다는 듯이 "이해하셨어요?" 하고 묻는다면 무엇이 그들에게 이런 질문을 하도록 한 것인지 자신에게 묻고 또 묻게 된다. 저녁 즈음 거울 속에 비친 자신을 보면 헛웃음이 나온다. 아! 내가 '나이 좀 있어' 보이는구나.

　『어느 늙은 산양 이야기』는 젊은 시절을 지나 구부정한 다리와 지팡이에 의지하며 살아가는 늙은 산양의 이야기이다. 어느 날 늙은 산양은 지팡이를 놓치고 고민에 빠진다. 그러곤 현명하게도 죽을

다음 날에도

그다음 날에도
또 그다음 날에도
지팡이를 떨어뜨렸지.

ⓒ고정순, 막막한 집방

때가 되었다는 것을 깨닫고 죽기 딱 좋은 곳을 찾아 떠난다. 젊은 시절 달음박질하던 들판과 한달음에 올랐던 절벽을 거쳐 강으로 간 산양은 강에 비친 자신의 모습을 보고 어디로 가야 할지 길을 잃는다. 산양이 영원히 머물 곳은 어디일까?

    이 그림책의 첫 장면에서는 제목과 다르게 젊고 튼튼한 산양이 등장한다. 한 면 가득 그려진 산양은 늠름하다. 날카로운 두 눈과 튼튼한 머리 위 뿔에서는 어떤 장애물도 거뜬히 헤쳐나갈 것 같은 힘이 느껴진다. 그런 산양의 늠름함에 눈길을 빼앗긴 채 한 장을 넘기면 페이지 구석진 곳에 자그마하게 그려진 산양을 만나게 된다. 턱에 수염이 난 늙은 산양은 구부정한 다리와 지팡이에 의지한 채

간신히 서 있다.

두 장에 그려진 젊은 산양과 늙은 산양 사이에는 '한쪽'의 시간이 존재한다. 지팡이를 떨어뜨리던 날 산양은 죽기 딱 좋은 곳을 찾아 그 시간으로 떠난다. 책을 읽는 우리는 각자의 시간으로 떠나면 된다. 젊음과 늙음, 삶과 죽음의 시간 간격은 저마다 다르다. 남은 책장을 넘기며 산양과 나의 시간으로 여행을 떠난다.

그림책은 산양이 죽기 좋은 장소를 찾기 위해 젊은 시절 누비던 곳에 갔다가 다시 집으로 돌아오는 길을 서서히 따라가며 보여 준다. 어느 날 자신이 의지하며 살아가던 무엇을 놓치게 되었을 때의 당혹감을 무엇이라고 불러야 할까? 산양은 그것을 죽음이 가까이 왔다고 표현했다.

작가는 산양의 당혹감과 두려움을 까만 칠로 가렸다. 커다랗게 그려진 그의 온몸은 새까맣지만 꽁꽁 언 얼음처럼 서늘하다. 그리곤 곧 스스로가 지혜롭다고 말하며 죽을 장소를 찾아 떠난다. 이웃 부엉이에게 쿨하게 마지막 인사를 남기고 떠나는 산양의 모습은 웃기기까지 하다.

늙은 산양이 처음 찾아간 곳은 젊은 시절 달음박질하던 너른 벌판이다. 젊은 아들의 운동 실력을 보고 '그 정도쯤이야' 하며 호기롭게 시도했다가 한두 번도 겨우 해내는 자신의 늙은 몸에 머쓱해지는 아버지처럼 늙은 산양은 벌판을 뛰어다니는 젊은 동물들을 보고 시끄럽다며 괜스레 통박을 놓고 절벽으로 향한다.

하지만 절벽도 강도 죽기 딱 좋은 곳은 아니다. 처음부터 죽기 딱 좋은 장소는 없다. 죽음에 한 발짝씩 다가가기 위한 시간이 필요할 뿐이다. 누구에게나 죽음은 달가운 손님이 아니다. 그렇다고 문전 박대할 수도 없다. 산양처럼 죽음으로 가기 위한 몸과 마음을 준비할 뿐이다.

작가 고정순의 에세이 『그림책이라는 산』에는 젊은 시절부터 병과 함께 살아온 자신의 이야기가 등장한다. 작가 자신이 고통과 죽음을 가까이에 두고 있다. 그든 작든 병이 있는 사람은 늘 죽음을 생각한다. 고정순 작가는 죽음을 가까이 느끼는 자신을 산양에게 투영한 것이 아닐까.

이 그림책은 하얗고 까맣고 노랗다. 거칠고 탁한 목탄의 먹색에서는 야생의 생명력이 느껴진다. 특히 산양이 처음 찾아간 벌판에서는 "우다다다" 달리는 소리가 들리는 듯하다. 무채색 가운데 칠해진 노란색은 지팡이 색깔이다. 딱 한 군데 지팡이가 노란색이 아닌 장면이 있다. 산양이 길고 긴 잠에 들었을 때 지팡이는 노란색을 잃는다.

지팡이는 산양을 지탱해준 힘이다. 하루하루 살아 있음을 확인시켜주는 그의 일부다. 이 책을 그리고 쓴 작가 고정순은 저자 소개 글에서 "죽기 딱 좋은 날을 궁금해하며 돋보기와 지팡이를 벗 삼아 산다"라고 했다. 작가는 지팡이와 벗 삼아 살아가는 자신의 희망을 노란색 지팡이에 심은 것이 아닐까? 지팡이에 담긴 노란 희망은 마지막 장면에서 달로 옮겨 간다.

달은 옛날부터 소원을 들어주는 존재다. 밝은 날 태양을 보고 소원을 빌지는 않는다. 해가 져 어두워지면 어둠을 밝히는 달을 향해 소원을 빈다. 늙은 산양은 깊은 잠에 빠져 무슨 소원을 빌었을까? 남겨진 지팡이가 또 다른 늙은 산양의 벗이 되어 노랗게 빛나길 바랐을까?

그림책을 감상하다 보면 산양의 표정을 또렷하게 보기 어렵다. 많지 않은 텍스트를 통해 늙은 산양의 마음을 짐작할 뿐이다. 그런 산양의 표정은 두 장면에서 온전히 드러나는데, 하나는 젊은 산양이 등장하는 첫 장면이고, 다른 하나는 지팡이 옆에 나란히 누워 깊고 깊은 잠에 든 마지막 장면이다. 이 장면에서 늙은 산양은 밝게 웃고 있다.

죽음이 깃드는 순간 모든 사람은 미소를 짓는다. 아니 미소를 짓는 것처럼 보인다. 사실은 죽음으로 인해 힘을 잃어 피부가 펴지면서 나타나는 현상인데 그 모습이 희한하게 웃고 있는 것처럼 보인다. 죽음은 눈앞에 와서는 두려움을 주지만 몸과 죽음이 하나가 되면 평안을 주는 모양이다.

산양은 자신의 죽음을 지혜롭게 받아들인다. 순리로 받아들여 오히려 '딱' 좋은 그곳, 집으로 돌아온다. 우리 장례문화에서 집은 중요한 공간이다. 죽음에 임박한 가족을 집으로 데려와 임종을 지키고 장례를 치른다. 집이 아닌 곳에서 죽음을 맞이한 경우 살아생전 머물던 집에 들렀다 가도록 한다. 집 앞에서 노제路祭를 지내며 집으로 돌아오지 못한 한을 풀어준다. 이때 집은 사람에게 반드시 되돌아가야 하는 공간이다.

그러니 산양이 집으로 돌아와 더없이 편안한 잠자리에 든 것은 우연이 아니다. 그의 일상을 나눈 집이었기 때문에 죽기 딱 좋은 곳일 수밖에 없다. 삶과 죽음도 결국은 일상이다. 산양과 우리의 여행은 집으로 돌아오는 것으로 끝이 난다. 산양은 우리에게 인간이라면 누구나 만나게 되는 죽음을 좀 더 가까이 데려다주었다. 때때로 자신의 죽음을 떠올리는 이들이 있다면 늙은 산양을 만나보기를 권한다.

함께 읽어요!

『할머니가 남긴 선물』 마거릿 와일드 글 | 론 브룩스 그림 | 최순희 옮김 | 시공주니어
찬란한 면지가 눈길을 끄는 이 그림책은 죽음에 따르는 이별 과정을 담담하게 그려낸다. 수채화로 채색된 그림은 담담함에 감동을 더한다.

『어느 할머니 이야기』 수지 모건스턴 글 | 세르주 블로흐 그림 | 최윤정 옮김 | 비룡소
삶은 상실의 연속이다. 하고 싶은 일만큼 할 수 없는 일이 많아지는 할머니의 인생을 들려주는 이 책은 끊임없이 "너는?" 하고 묻는다. 지금까지 살아온 삶과 앞으로 살아갈 인생에 대해 질문하고 싶을 때 책장을 넘겨보자.

| 함께 즐겨요!

그림책 읽기의 즐거움

| 유주현

글과 그림의 만남

　그림책은 글과 그림이 만나 이야기를 만드는 독특한 예술 형태이다. 글은 이야기가 진행되는 시간적인 인과관계에 따라 전개되고, 그림은 공간을 바탕으로 시각적인 이미지를 전달하면서 이야기가 펼쳐진다. 이렇게 글과 그림이라는 두 다른 매체가 만나 이루어진 그림책은 "글에서 읽는 이야기와 그림에서 읽을 수 있는 이야기"가 만나는 방식에 따라 다양한 관계를 만든다. 때로는 글과 그림이 일치해 독자는 글을 따라가며 그림을 훑어보기도 하고, 때로는 그림이 글을 더 정교하게 보여주기도 하며, 때로는 글에 없는 정보를 그림이 제공하며 이야기를 이끌어나가기도 한다. 글이 말하는 이야기와 그림이 보여주는 이야기가 다르고 글과 그림의 간극이 클 때 독자는 글과 그림 사이의 빈 공간을 상상력으로 채워 넣기도 한다. 좋은 그림책은 그림이 글의 내용을 되풀이하고 장식하는 부가적인 역할에서 벗어나 글과 그림이 다양하고 역동적인 방식으로 결합하면서 이야기를 만들고, 독자는 이러한 글과 그림의 미묘한 관계를 발견하면서 그림책을 더 깊이 있게 만나게 된다.

그림책의 공간 읽기

그림책이 주는 즐거움 중 하나는 그림작가가 글의 이야기를 풀어내기 위해 그림에 배치하고 숨겨놓은 전략을 독자가 얼마나 알아차리고 글과 그림 사이의 빈 공간을 채우며 이야기를 읽는가에 달려 있다. 그림작가는 이야기를 가장 잘 전달할 수 있는 그림을 배치하고, 다양한 미술 재료와 기법을 선택해 그림의 고유한 이미지를 만들어낸다. 그림책에서 그림을 통해 "이야기에 대한 정보를 제공"하는 여러 가지 장치들을 알고 발견하게 된다면 그림책 읽기는 더 풍부하고 다양하게 이루어질 것이다.

배경은 "이야기와 사건이 일어나는 세계"를 구현해낸다. 글은 공간을 묘사하고 그림은 그 공간을 보다 효율적이고 다양한 방식으로 보여준다. 배경은 가보지 못한 시대적·역사적 장소에 대한 정보를 제공하고, 어린 시절 향수를 불러일으키기도 하며, 작품의 분위기를 조성하고, 작품의 장르를 예상할 수 있게 한다.

『동강의 아이들』(김재홍, 2000)에서는 장터로 물건 팔러 간 엄마를 기다리는 남매의 하루가 동강 강가를 배경으로 전개된다. 모든 면마다 비슷하지만 조금씩 각도를 달리한 강가 풍경이 책에 가득 펼쳐지는데, 종일 엄마를 기다리는 남매에게 바위는 놀이의 대상이고 강가는 놀이의 공간이다. 아이들 대화에 등장하는 큰 새, 아기곰, 공룡 그림이 그림책에 숨어 있어 자세히 보지 않으면 빨리 발견할 수 없다. 독자는 글을 읽으면서 또 그림을 다시 들여다보면서 글에서 언급한 아이들이 함께 노는 대상이 강가의 바위인 것을 알게 된다. 글에 있는 대상을 그림에서 쉽게 발견할 수 없을 때 독자는 궁금증을 가지고 그림을 자세히 주의 깊게 보고 상상력으로 그 빈 공간을 메꿔나가야 한다. 이 작품에서는 동강의 강가 풍경과 바위가 이야기의 배경이면서 이야기가 전개되는 필수 요소로 사용되었다. 어떤 작품에서는 배경을 중심으로 이야기가 펼쳐지기도 하고, 어떤 그림책에서는 배경을 삭제하기도 한다. 그림책에 배경이 없는 경우 인물이나 대상을 클로즈업함으로써 인물의 성격과 표정이 부각되어 돋보이는 효과가 있다.

그림틀도 배경을 이루는 한 요소이다. 그림틀이 있으면 독자는 그림과 거리를 둔 채 객관적으로 분리되어 바라보고, 그림틀이 없으면 그림 속 세계와 더 가깝게 느껴 빠져드는 듯한 느낌이 든다.

『블랙 독』(레비 핀폴드, 2013)에서 그림틀은 다양한 크기와 방식으로 인물의 표정과 움직임을 표현한다. 펼침면의 왼쪽 면에는 글과 여러 개의 작은 그림틀이 나오고 오른쪽 면의 그림틀에는 그림의 주요 서사인 검은 개를 보고 놀라는 순간 가족들의 표정이 강렬한 색채로 그려진다. 왼쪽의 작은 그림틀에는 집 밖을 어슬렁거리는 검은 개, 검은 개를 발견하는 장면, 검은 개를 신고하고 놀라 도망가는 장면 등 오른쪽 면 그림 서사의 고정된 순간에 담지 못한 표정이나 움직임을 보조적으로 설명해주는 그림들이 있다. 그리고 꼬마가 용기 있게 집 밖으로 나가 검은 개와 만나는 장면에서는 그림틀이 완전히 사라지고 펼침면 전면에 검은 개가 등장해 놀라움을 극대화한다. 검은 개가 꼬마를 잡기 위해 쫓아가면서 그림은 위쪽에 글은 아래쪽에 있다가 검은 개가 집 안으로 들어오는 순간부터는 다시 왼쪽 면과 오른쪽 면으로 그림틀이 분리되고 마지막 장면에서는 영화의 마지막 장면처럼 그림틀이 작아지면서 이야기가 끝난다.

『괴물들이 사는 나라』(모리스 샌닥, 2002)에서는 맥스의 상상 여행을 따라 그림틀의 크기가 변화한다. 처음에는 오른쪽 면 중앙에만 그림틀이 있다가 맥스의 상상 속 세계가 시작되면서 점점 그림이 커지고, 그림의 테두리가 없어지면서 오른쪽 면에 그림이 채워진다. 그림의 크기는 맥스의 여행이 절정에 다다르면 펼침면에 가득 차다가 상상 여행이 끝나고 방으로 돌아온 장면에서는 다시 오른쪽 면에만 배치된다.

『아모스와 보리스』(윌리엄 스타이그, 2017)에서 글은 위쪽에 그림은 아래쪽에 배치되어 있다. 이 작품에서 그림이 위쪽에 배치되었다면 고래의 육중한 무게와 크기로 전체적인 책의 안정감이 사라졌을 것이다. 이처럼 그림뿐만 아니라 그림을 배치하고 그림틀을 이용하는 방식에 따라서도 이야기는 깊이 있게 확장될 수 있다.

그림책의 분위기

색은 그림책에서 그림의 분위기를 만들고, 인물의 감정과 현실 상황을 표현하며, 글의 의미를 해석하는 단서가 되기도 한다. 밝고 따뜻한 색을 사용했을 때와 어둡고 강한 색을 사용했을 때 그림은 전혀 다른 분위기를 연출한다. 또한 그림책에서 사용하는 특정 색은 주제를 상징하거나 인물을 특정하고 인물의 감정을 표현한다. 작가마다 주로 사용하는 색이 있어서 그 작가 그림책의 특색을 보여주기도 하며 그림작가는 색의 대비를 통해 인물의 상황이나 감정,

사건의 전환, 글의 분위기를 설정하기도 한다. 강렬한 색의 대비는 인물이 처한 상황과 인물의 심리를 독자에게 전달하는 장치로 사용된다.

『엄마의 의자』(베라 윌리엄스, 1999)에서는 고된 일을 끝내고 돌아온 엄마를 위해 딸이 식당에서 일을 도와주고 모은 동전으로 의자를 선물한다. 화사한 분홍 꽃무늬가 가득한 붉은 의자에 앉아 있는 엄마와 딸은 안락하고 평온해 보이며, 노란 조명과 부드러운 붉은색은 서로를 생각하는 두 사람의 따뜻한 마음을 잘 전달한다.

『엄마 마중』(이태준 글, 김동성 그림, 2013), 『오빠 생각』(최순애 글, 김동성 그림, 2015), 『고향의 봄』(이원수 글, 김동성 그림, 2013) 등 동요와 동화를 재해석한 김동성 그림작가의 작품에서는 주로 연두색과 노란색 풍경이 등장한다. 그림작가가 선택한 화사하고 부드러운 색감은 쓸쓸하고 서글픈 글의 서사를 따뜻하고 행복한 열린 결말로 변화시킨다.

『사과나무밭 달님』(권정생 글, 윤미숙 그림, 2017)에서 어머니의 노란색 저고리는 집 앞 사과나무밭에 떠오른 달님을 연상시키며, 전쟁으로 남편을 잃고 홀로 아들을 키운 어머니에 대한 사랑과 애틋함을 상징적·은유적으로 표현한다.

『만희네 집』(권윤덕, 1995)은 자개장이 놓인 안방부터 부엌, 광, 장독대, 뒤꼍까지 집 안 곳곳을 자세하면서도 화려한 색으로 표현해 어린 시절 할머니 댁에서 본 듯한 풍경이 펼쳐진다. 이 화려한 집 안 풍경 한구석에서는 무채색의 공간을 발견할 수 있는데, 이는 다음 장면으로 연결되는 공간으로 독자는 무채색의 공간을 찾아보면서 다음 장에 어떤 장소가 나올지 예상할 수 있다. 이러한 색의 대비를 통해 독자는 화려한 현재의 공간을 바라보다가 무채색의 연결 공간을 따라가면서 카메라를 들고 집 안 곳곳을 둘러보듯이 다음 장소로 자연스럽게 이동하게 된다.

『우리 할아버지』(존 버닝햄, 1995)에서 펼침면의 오른쪽 면에는 봄부터 겨울까지 할아버지와 소녀가 함께한 추억이 아름다운 파스텔 톤으로 펼쳐지고 왼쪽 면에는 글과 함께 두 사람의 대화 속 상상이나 할아버지의 회상 장면이 흑백 스케치로 담담하게 표현된다. 색채로 가득 찬 두 사람의 일상과 흑백의 대화 속 상상이 서로 다른 이야기를 펼치면서 할아버지와 손녀의 추억은 더 풍성하고 즐겁게 그려진다.

그림의 시간과 움직임

그림책에서는 **시간과 움직임**을 표현하기 위해 다양한 시도를 한다. 시각 이미지인 그림으로 인물의 동작과 시간의 흐름을 표현하기란 쉽지 않다. 그림작가는 여러 사건과 시간 중에 고정된 순간만을 한 장면에 담을 수 있기 때문에 시간을 표현하기 위해 다양한 기법을 사용한다. 한 장면 안에서 움직임을 왼쪽에서 오른쪽으로 순차적으로 표현하거나 펼침면의 좌우 면에서 행동을 되풀이하기도 하며 긴장감을 조성하기도 하고 한 면에 여러 장면을 분할해 그리기도 한다. 또한 색의 명도를 다르게 하고 대상을 왜곡하거나 흐릿하게 표현하고 그림의 재료를 다양하게 사용하여 시간의 경과와 인물의 움직임을 표현한다.

『훨훨 간다』(권정생 글, 김용철 그림, 2003)에서는 장에 가서 무명 한 필을 재미있는 이야기로 바꿔 오라고 조르는 할머니를 위해 할아버지는 장으로 가고, 할아버지의 이 어처구니없는 요구에 농부는 논바닥에 날아든 황새의 동작을 따라 하며 이야기를 만들어낸다. "성큼성큼 걷는다", "기웃기웃 살핀다", "콕 집어먹는다" 등 학의 동작은 대사와 함께 왼쪽 면에 배치하고, 이런 행동을 따라 하는 농부와 할아버지의 동작은 책의 오른쪽 면을 위아래로 분할해 반복적으로 그려 표현한다. 민화 속 주인공처럼 인물의 얼굴을 확대해 우스꽝스럽게 보이는데, 이러한 인물 형태의 왜곡은 인물의 행동을 강조하고 글에 활기를 주며 웃음을 유발한다.

『여름이 온다』(이수지, 2021)는 연필, 물감, 크레용 등 다양한 재료와 드리핑, 콜라주 기법을 사용하여 여름을 맞아 신나게 물놀

ⓒ여름이 온다, 이수지, 비룡소

이하는 아이들의 움직임을 표현한다. 아이들의 외모는 굵은 검은 색 크레용으로, 얼굴, 손, 발은 콜라주 기법으로 표현해 인물이 돋보이고 움직임이 부각된다. 물풍선을 던지고 물총을 쏘는 손, 호스로 물을 뿌리고 바닥을 뒹구는 모습 등 완결되지 않은 진행 중인 움직임을 그려 물놀이하는 아이들의 역동성을 표현한다. 또한 사선의 굵기와 방향을 달리해 비가 흩뿌리는 움직임을 표현하고, 물감과 다른 질감의 굵은 크레용을 직선으로 내리그어 퍼붓는 장대비를, 연필과 크레용의 굵기를 달리해 휘몰아치는 바람의 움직임을 표현한다. 빗속을 뚫고 걸어가는 아이들은 펼침면 왼쪽 면에는 우산으로 비를 막으며 걸어가는 모습으로, 오른쪽 면에는 우산이 뒤

©넉 점 반, 윤석중, 이영경, 창비

로 날려 만세 몸짓을 하며 뒤로 밀리는 모습으로 그려 휘청거리는 움직임을 실감나게 표현한다.

『넉 점 반』(윤석중 글, 이영경 그림, 2004)의 판형은 세로는 짧고 가로는 길다. 아기는 엄마의 심부름으로 가겟집 영감님께 시간을 물은 후 집으로 바로 돌아가지 않고 해가 꼴딱 질 때까지 마을을 돌아다닌다. 아기가 호기심 어린 눈으로 온 마을을 구경하며 돌아다니는 장면에서는 그림책의 펼침면 전체에 아이의 움직임이 그려지고, "넉 점 반, 넉 점 반"이라고 시가 나오는 장면에서 아이는 왼쪽 면에, 멈춰버린 시간 "넉 점 반"은 오른쪽 면 끝에 배치된다. 아기의 움직임을 보여주는 장면과 넉 점 반이라 멈춘 시간을 반복하는 장면에서는 글과 그림의 배치를 다르게 하여 멈춘 시간과 아기의 움직임을 역동적으로 보여준다.

그림책의 주변 텍스트

그림책의 판형, 제목, 면지 등 주변 텍스트도 그림책 읽기에 중요한 역할을 한다. 책의 판형이 주는 시각적 이미지, 제목이 전해주는 첫인상, 그리고 책을 읽기 전 면지를 통해서도 독자는 작품에 대한 정보를 얻는다.

그림책은 아주 큰 크기부터 손안에 들어가는 작은 크기까지 다양하다. 초기 그림책은 글 읽는 것에 익숙하지 않은 어린이들의 읽기 및 쓰기 교육을 위해 크게 제작되기도 하고, 어린이들이 손에 딱 잡히는 크기의 책을 좋아할 것이라 판단해 작게도 제작되었다. 그림책은 판형에 따라 색다른 분위기와 다른 정보를 제공한다.

세로가 좁고 옆으로 긴 그림책의 펼침면 전체에 그림이 담기면 파노라마처럼 펼쳐진 광활한 공간을 만들 수 있다. 『시리동동 거미동동』(제주도 꼬리따기 노래, 권윤덕 그림, 2003)은 세로는 좁고 옆은 긴 그림책이다. 소녀와 토끼와 까마귀가 함께 앉아 바다를 바라보며 엄마를 기다리는 장면에서 바다는 광활하게 그려지고 그 넓은 바다의 크기만큼 엄마의 깊은 마음이 잘 전달된다. 『엄마』(엘렌 델포르주 글, 캉탱 그레방 그림, 2019)는 다른 책보다 두 배는 큰 정사각형 판형으로 제작되었다. 이 그림책을 펼치면 31명의 다른 엄마, 하지만 자식의 손을 놓지 않은 채 힘겨운 삶을 살아가는 엄마의 모습이 압도적인 판형만큼 강렬하게 다가온다. 그림책의 판형을 결정하는 작업은 그림작가의 예술적인 의도와 출판사의 제작 의도가 일치해야 가능하다.

책의 제목은 독자에게 어떻게 작품을 읽어야 할지를 안내하는 첫 부분이다. 번역 출간된 그림책의 제목에는 많은 의미가 담겨 있다. 번역 그림책은 원 텍스트의 글과 그림을 번역작가가 어떻게 읽고 해석했는가가 영향을 미친다. 원 작품과 제목이 다른 번역 그림책을 통해 독자가 관점을 달리해 책을 읽을 수도 있다.

예를 들어 H. A. 레이의 「Curious Goerge」 시리즈의 모든 원 제목은 "Curious George"로 시작하며 주인공 조지가 무엇을 하는가를 중심으로 이루어졌다. 그러나 한국어판에서는 "개구쟁이 꼬마 원숭이"라는 글자가 제목 위에 작게 있고 책마다 새로운 제목으로 출간돼 이들이 일련의 시리즈인지 바로 알아채기 힘들다. 책을 검색할 때도 "개구쟁이 꼬마 원숭이"로 검색하면 시리즈 도서 전체를 찾을 수 없는 도서관과 사이트가 있어 각 제목으로 찾아야 한다. 이 시리즈의 1권 『Curious Goerge』는 한국어판에서는 "개구쟁이 꼬마 원숭이" 『아프리카여 안녕!』(한스 아우구스토 레이, 1993)으로 출간되었고, 『Curious Goerge Takes a Job』은 "개구쟁이 꼬마 원숭이" 『신나는 페인트 칠』(한스 아우구스토 레이, 1993)이라는 제목으로 출간되었다. 특히 이 책의 표지 그림은 영어판과 같지만, 페인트칠을 하는 장면이 아닌 유리창을 닦는 그림이어서 한국어판 표지의 그림과 책 제목이 일치하지 않는다. 영어판이 주인공 조지가 펼치는 다양한 행동, 인물에 초점을 맞췄다면 한국어판에서는 특징적인 일, 행동에 초점을 맞춰 제목을 지었다. 영어판은 호기심 많은 조지가 여러 일을 하다가 영화 주인공이 돼서 그동안 말썽을 부린 모든 사람과 함께 영화를 감상하는 것으로 끝이 나지만, 한국어판의 독자는 조지가 페인트칠을 하는 행동에 초점을 맞춰 책을 읽게 될 것이다.

이러한 제목의 차이는 동사나 형용사로 끝나는 제목보다 명사로 끝나는 제목을 선호하는 한국어 그림책의 문화적·언어적 특징과도 관련이 있다. 번역 그림책은 원 글작가가 의도한 내용과 그림작가가 그림으로 풀어낸 이야기 그리고 번역작가의 글 읽기와 그림 읽기 작업이 한 번 더 이루어지는 작품이다. 특히 어린이 그림책의 경우 어른인 번역작가의 목소리, 관점이 한 번 더 담겼다고 할 수 있다. 이때 번역작가의 경험, 그 나라의 문화적 특색, 언어 사용 방식에 따라 그림책의 제목과 번역은 여러 면에서 다르게 표현되기도 한다.

그림책의 면지는 화려하지 않은 단색이나 무채색을 주로 사용하였으나 점차 다양한 방법으로 사용하고 있다. 그림작가는 면지에 그림책 내용이 함축적으로 담긴 장면을 배치하거나 장식적인 무늬를 반복하기도 하고, 본문의 한 장면을 추가하거나 본문 내용과 다르거나 없는 이야기를 포함하여 작품 해석에 영향을 주기도 한다. 또한 글의 분위기를 보여주는 중요한 요소로 사용된다.

『엄마의 의자』(베라 윌리엄스, 1999) 한국어판에서는 영어판과 다르게 노란색 면지가 추가되었는데 본문에서 집 안을 비추던 화사한 노란색을 면지에 사용해 전체적인 그림책의 분위기를 더욱 환하고 따뜻하게 표현한다.

『만희네 집』(권윤덕, 1995), 『세상에서 제일 힘센 수탉』(이호백 글, 이억배 그림, 1997), 『준치 가시』(백석 글, 김세현 그림, 2006)에서는 꽃 모양, 물고기 모양 등 본문과 관련 있는 화려한 무늬의 면지가 등장한다.

『옛날에 오리 한 마리가 살았는데』(마틴 워델 글, 헬린 옥슨버리 그림, 2001)에서 면지는 글의 분위기를 암시한다. 앞면지에는 오리가 농부에게 괴롭힘을 당하는 상황을 암시하듯 회색빛 농장 풍경이 그려지지만, 동물 친구들이 힘을 합쳐 농부를 쫓아내고 오리에게 평화롭고 행복한 일상이 펼쳐진 후, 뒷면지에는 파스텔 톤의 따뜻한 농장 풍경이 펼쳐진다.

『작은 집 이야기』(버지니아 리 버튼, 1993) 면지에는 '작은 집' 앞 도로를 지나던 말, 마차, 자전거, 수레, 자동차, 전차, 트럭이 일렬로 등장한다. 이는 세월이 흐름에 따라 작은 집 앞 도로가 점점 커지고 그 앞을 지나가는 교통수단도 점차 발전해 작은 집이 도시 한가운데 놓이는 상황을 요약해 보여준다. 또한 면을 셋으로 가로 분할해서 연대기적으로 교통수단의 변화 과정을 그려 넣어 시간의 흐름을 잘 표현하였다.

존 버닝햄은 면지를 적극적으로 사용하는 작가이다. 『지각대장 존』(1999)의 면지에는 본문에서 언급했지만 실제로는 보이지 않던 존의 반성문이 손글씨로 쓰여 있다. "악어가 나온다는 거짓말을 하지 않겠습니다. 또 다시는 장갑을 잃어버리지 않겠습니다"라고 면지를 가득 채워 쓴 존의 반성문은 본문에서 300번이나 쓰라고 고함을 지르던 선생님의 모습과 교차되며 웃음을 유발한다. 또한 이런 종류의 반성문을 써본 적이 없는 어린이 독자에게는 신기한 장면일 수 있고, 어른 독자에게는 어린 시절을 떠올리게 해 적극적인 읽기를 가능하게 한다.

그림책의 힘, 그리고 어른 그림책

페리 노들먼은 "글과 그림을 관계 있게 배치하면 둘의 의미는 반드시 변화하며 그림책은 글과 그림을 단순하게 합친 것 그 이상"이 된다고 하였다. 좋은 그림책은 그림과 글이 서로의 이야기를 하면서도 역동적인 상호작용을 통해 늘 새롭게 읽을 수 있게 만든다. "좋은 글은 긴장감이 넘치고 좋은 그림은 매력적"이어서 독자를 그림 앞에 멈춰 세워 계속 보게 만든다. 좋은 그림책은 긴장감 넘치는 이야기와 매력적인 그림 사이에서 독자가 그림에 빠져들면서도 플롯의 긴장감을 흐트러트리지 않고 이야기 전체를 풍부하게 즐기면서 읽을 수 있게 만드는 힘이 있다.

어른 독자에게 그림책은 "영혼을 울리는 시간과 공간을 얻을 수 있는 매체"이기도 하다. 아이들에게 어릴 적 읽어주던 그림책을 다시 집어 든 순간 "시간을 뛰어넘어 어린 시절로 돌아가거나" 인생에서 행복하거나 가슴 아팠던 일이 기억날 때 그림책은 어른에게도 깊은 감명과 울림으로 다가온다. 삶에 지쳐 위로가 필요할 때는 그림책으로 마음이 따뜻해지는 위로를 받을 수 있을 것이다. 그리고 인생 후반기에 그림책이 건네는 인생 이야기를 들으며 헤어짐의 순간에 누군가를 위로하고, 나에게 위로가 필요할 때는 옆에서 "현실을 전달하는 수단"이 될 것이다. 우리는 세상에 대한 경험, 과거의 기억, 함께 살아가는 사람들과의 관계를 통해 그림을 해석하고, 과거를 떠올리며, 잊혀진 경험과 현재의 삶, 그리고 지금 여기서는 볼 수 없는 미래에 대한 희망으로 그림책을 읽는다.

2장

지혜를 낚는 어부가 되어

나는 때때로 나의 인생이

얼마나 깊었는가를 들여다보며

초조함을 느낀다.

말이란 다만 벽과 같은 것.

그 너머 멀리 항시 푸른 산 속에

아련히 그 의미가 빛난다.

아무런 표적도 모르지만

나는 그 나라에 귀를 기울인다.

언덕에 들리는 갈퀴질 소리,

돛배의 미끄러지는 소리,

그리고 해변에 깔리는 고요.

- 릴케 <나는 때때로>

『소년과 두더지와 여우와 말』

찰리 맥커시 지음 | 이진경 옮김 | 상상의힘

소년과 두더지와 여우와 말이 전하는 삶에 관한 이야기

| 오현아

　삶이란 무엇일까? 삶에서 정말 중요한 것은 뭘까? 난 어떤 사람이 되고 싶은 걸까? 이렇게 살아도 되는 걸까? 혹시⋯ 잘못된 방향이면 어떻게 해야 할까? 이런 고민들을 터놓고 이야기하고 싶을 때 귀를 기울여줄 누군가가 곁에 있다면 참 든든할 것이다.

　이 책의 제목인 "소년과 두더지와 여우와 말" 그리고 이들의 그림이 표지에서부터 눈길을 사로잡는다. 소년에게 자신을 오롯이 맡긴 청회색 두더지, 거리를 두었지만 소년의 발등에 꼬리를 살포시 얹은 갈색 여우, 이들 곁에서 우뚝 선 자세로 든든하게 지켜주면서도 친구들을 향해 깊숙이 고개 숙여 눈과 입을 맞추는 말, 진정으로 함께 있는 소년과 두더지와 여우와 말의 그림이 앞으로 전개될 이야기를 응축해서 보여주고 있다. 표지를 넘기면 악보가 보이고,

그 위를 네 친구가 걷고 뛰며 함께 나아간다. 이 곡은 슈만의 '어린이를 위한 앨범' 중 두 번째 곡으로 앞으로 펼쳐질 이야기를 경쾌하게 들려주는 듯하다.

이 책은 제목 그대로 소년과 두더지와 여우와 말의 이야기이다. 궁금한 것이 아주 많은 소년, 케이크에 집착하는 두더지, 세상에 대한 상처와 경계심으로 말이 없는 여우, 꿈과 비밀을 간직한 크고 유순한 말이 등장한다. 우리처럼 이들도 저마다 다르고 자신만의 약점을 가지고 있다. 이들은 삶이라는 거친 들판에서 만나 함께 걷고 서로의 질문에 귀를 기울이며 소박하게 진심을 담아 이야기한다.

"안녕" 소년의 인사에 "난 아주 작아"라고 두더지가 말하자 "그러네. 그렇지만 네가 이 세상에 있고 없고는 엄청난 차이야"라고 소

년이 말한다. 들판을 함께 걷던 소년과 두더지는 덫에 걸린 여우를 만난다. 날 선 여우의 위협에도 두더지는 덫을 갉아 여우를 구해주고, 덫에서 풀려난 여우는 소년과 두더지 주위를 맴돌게 되고, 그러다가 물에 빠진 두더지를 여우가 구하게 된다. 이제 소년과 두더지와 여우는 들판을 나란히 걷는다. 셋은 그늘진 숲 어귀에서 말을 만난다. "네가 했던 말 중 가장 용감했던 말이 뭐니?"란 소년의 질문에 "'도와줘'라는 말. 도움을 청하는 건 포기하는 게 아니야. 그건 포기를 거부하는 거지"라고 말이 답한다. 이제 친구가 된 넷은 거친 들판을 헤쳐나가며 삶에 대한 숱한 질문에 대해 각자의 방식으로 이야기한다.

"살면서 얻은 가장 멋진 깨달음은 뭐니?"

"지금의 나로 충분하다는 것"

"시간을 낭비하는 가장 쓸데없는 일은?"

"자신을 다른 사람과 비교하는 일"

『소년과 두더지와 여우와 말』은 네 친구의 대화를 통해 삶에서 정말 소중한 것이 무엇인지 보여준다. 작가인 찰리 맥커시는 친구들과 삶에 관해 진지한 대화를 즐겼는데, 어느 날 '용기란 도대체 무엇인지'에 관한, '그동안 했던 가장 용감한 일은 무엇이었는지'에 대해 이야기를 나누었다고 한다. 그러면서 자신에게는 가장 힘든 시기 누군가에게 도움을 청한 것이야말로 가장 용기 있는 일이었음을 깨닫게 되었고, 친구들과의 대화를 그림으로 그려 인스타그램에 올렸다고 한다. 작가는 그림을 인터넷에 올려둔 채 까맣게 잊고 있었지만, 얼마 지나지 않아 그의 그림을 사용해도 되는지에 대한 문의 메일이 쇄도했다고 한다. 그의 그림은 영국 전역으로 퍼져나가 방황하는 청소년들, 병마와 싸우는 환자들, 전쟁의 기억으로 상처 입은 군인들 외에도 불확실한 시대를 살아가는 불안한 현대인들에게 위안과 희망을 주게 되었고, 삶에 대한 깨달음과 공감을 건네는 새로운 우화로 탄생하게 되었다.

찰리 맥커시의 펜화는 물처럼 부드럽고 바람처럼 자유롭다. 검은 잉크에 담가 충분히 적신 펜 끝에서 나온 선은 굵어졌다 가늘어지고 구르다가 펼쳐지고 뻗었다가 모아지며 한 편의 이야기를 춤추듯 그려낸다. 종이 위에서 반짝거리는 잉크가 마르기를 기다렸다가 친구들과 나누었던 대화를 그림의 여백에 적어서 이야기를 완성한다. 찰리 맥커시가 그림 그리는 영상은 인터넷을 통해 쉽게 찾아볼 수 있지만 책을 통해 만나기를 추천한다. 우리말로 출간된 그림책도 아름답지만 기회가 된다면 영어판으로도 펼쳐보길 바란다. 장면마다 작가가 그림에 직접 써넣은 그림 같은 손글씨를 볼 수 있기 때문이다. 소박한 글, 잉크로 그려낸 간명한 그림은 책의 물성을 최대치로 끌어올려 삶의 소박한 진실을 탐구하는 네 친구의 세계로 독자들을 빠져들게 만든다. 단색의 검은 잉크로 그려진 펜 그림과 소란스럽지 않은 담백한 채색이 곁들여진 이 아름다운 책은 커다란 나뭇가지, 흔들리는 나뭇잎, 바람에 춤추는 풀빛 들판, 수면 위에서 부서지는 빛 그림자, 흙과 풀 내음이 묻어 있는 바람 등 언젠가 경험했던 감동의 순간을 소환하고, 존재만으로 사랑받던 때를 떠올리게 한다.

    책의 서두에서 "이 책은 여덟 살이든 여든 살이든 누구라도 읽을 수 있습니다. 모두를 위한 책이죠. 저 또한 때로는 여덟 살이기도 때로는 여든 살이기도 합니다. 저는 당신이 언제 어디를 펼쳐 읽어도 괜찮은 책을 만들고 싶었습니다. 마음 내키는 대로 가운데부터 읽어도 좋습니다"라고 찰리 맥커시는 말한다. 작가의 이야기처럼 이 책은 어디서부터 읽든, 어떤 독자가 읽든, 책을 펼쳐 든 순간 소년과 두더지와 여우와 말이 전해주는 삶의 진정한 의미들에 대해 곰곰이 생각하게 할 것이다.

함께 읽어요!

『The Boy, the Mole, the Fox and the Horse』 찰리 맥커시 지음 | Ebury Press
그림 장면마다 작가가 손수 써넣은 펜글씨와 그림의 조화로움 그리고 종이책의 아날로그 감성을 온전히 느낄 수 있다.

『세 가지 질문』 톨스토이 원작 | 존 무스 지음 | 김연수 옮김 | 달리
일흔을 훨씬 지나서 쓴 톨스토이의 글이 존 무스의 해석으로 재탄생된 그림책이다. 시적인 수채화는 삶의 의미에 대한 근원적 질문에 답을 구해가는 소년의 일화를 더 깊이 있게 만든다.

『중요한 문제』 조원희 지음 | 이야기꽃
조원희 작가 특유의 유쾌함 속 진지함으로 자신에게 진짜로 중요한 것이 무엇인지 각자의 관점에서 생각하게 한다.

『최고의 차』

다비드 칼리 글 | 세바스티앙 무랭 그림
바람숲아이 옮김 | 봄개울

등 떠미는 소비 시장에서
뚝심 있게 서는 법

| 김정해

2021년 10월, 서울 근교 초등학교 6학년 국어 시간 중 '광고 문구를 보고 소비재 선택하기'란 수업에서 학생들의 반응은 이랬다. 광고는 "최고의 ○○", "단 하나의 ○○", "만족도 1위 ○○"이라는 표현과 현란한 색에 효과음까지 동원해 이보다 완벽한 ○○은 없으니 놓치면 후회한다며 정신을 쏘옥 빼놓았다. 20명 중에 서너 명을 제외한 모두가 광고에서 본 물건을 사고 싶다고 했다. 광고 하나로 소비 욕구에 불이 붙은 것이다. 이들이 아직 삶의 경험이 부족하여 곧이곧대로 믿는 순진한 어린이라서 그런 걸까? 작정하고 날아드는 광고 화살을 막을 심리적 방패가 없다면 어른도 예외일 수는 없을 것이다. 기업이 이윤 추구를 위해 소비자가 지속적인 소비를 하도록 현혹하는 광고는 남들보다 우위를 차지하고픈 현대인의 상대적 빈

곤감을 노린 전략이기 때문이다.

　앞에서 이야기한 대부분의 학생들처럼 무심하게 일상을 살던 한 남자가 있다. 그는 번뜩이는 광고의 화살에 꽂혀 '최고의 차'를 꿈꾸기 시작한다. 큐피트가 그에게 먼저 화살을 꽂았어야 했는데 말이다. 자끄 아저씨에게는 작고 예쁘지도 않고 빠르지도 않은 오래된 자동차가 있다. 어디든 다니는 데 문제없고 주차도 쉽다. 사건은 출퇴근 길에 눈에 들어온 '비너스' 자동차 광고판에서 시작된다. "가장 힘세고, 가장 아름답고, 가장 빠른 '최고의 차 비너스!' 단돈 99,999땡그랑!!! 멋쟁이들에게 인기가 좋습니다." 꿈속에서까지 비너스를 그리게 되는데, 문제는 돈이 없다. 월급으로는 아흔셋이 돼야 겨우 살 수 있다니 돈 벌 궁리가 시작된다. 카지노? 경마장? 은행 강도? 도저히 그럴 용기는 없기에 결국 개당 1땡그랑 받는 조건의 쪼그마한 '차 장난감 조립'을 선택하여 '최고의 차' 욕망하기 대열에 진입한다.

　자끄 아저씨는 마침내 비너스를 얻게 될까? 욕망을 이루면 행복해질까? 그 과정이 불행하더라도 끝까지 좇아야 할까? 많은 질문을 안겨주는 이야기다. 이 작품은 작가 다비드 칼리가 광고와 소비에 관한 현상을 콕 짚은 그림책이다. 짧고 쉬운 언어로 쓰여 있지만 독자들은 자기의 소비 형태를 돌아보게 된다. 그의 글은 대체로 유머와 위트가 넘치며 간략한 표현으로 깊은 감동과 깨달음을 선사한

©다비드 칼리, 세바스티앙 무랭 그림 가론

다. 어린이들의 심리를 다룸과 동시에 어른들에게도 충분한 이야깃거리를 제공하여 많은 독자에게 사랑받고 있다. 1994년 이탈리아 잡지 《Linus리누스》의 만화작가로 이름을 알리기 시작한 그는 2000년부터 아이들을 위한 글을 쓰기 시작해 지금까지 100권이 넘는 책을 썼다. 『피아노 치기는 지겨워』(다비드 칼리 글, 에릭 엘리오 그림, 2006)로 2006년 볼로냐아동도서전 라가치상과 스위스 판타지상을 수상했고 2021년에는 『쉿!』(다비드 칼리 글, 안나 아파리시오 카탈라 그림, 2021)으로 볼로냐아동도서전 올해의 일러스트레이터를 수상했다.

그림작가인 세바스티앙 무랭은 다비드 칼리의 글을 더욱 맛깔나게 그려낸 일등 공신이다. 글작가의 의도가 효과적으로 전달되도록 구성했다. 온화해 보이는 흰색이나 푸른색 배경에 펜 선으로 군

더더기 없이 간단하면서도 섬세하게 표현하여 독자의 이해를 도왔다. 그는 1976년 프랑스 오베르빌리 태생으로 2000년부터 지금까지 어린이 책과 잡지에 많은 그림을 그렸으며, 2015년 프랑스 플뢰르드셀상을 수상했다. 한국에서는 다비드 칼리와 협업한 「완두」(2019) 시리즈가 인기이다. 그가 직접 쓰고 그린 『루이의 특별한 하루』(2021)는 색과 선을 개성적으로 다루는 그의 세계를 더 가까이서 들여다볼 수 있다.

다시 책 내용으로 돌아가보자. 자끄 아저씨는 최고의 차를 갖기 위해 세 시간이 넘도록 장난감 차 조립에 몰두하고 주말에는 종일, 심지어 회사를 결근하면서까지 고군분투한다. 시간이 지나면서 장난감 차가 산더미처럼 쌓여가자 아저씨에게 의미 있었던 집 안의 물건들은 조립 차에 덮여 자취를 감춘다. 비너스가 아저씨의 정신세계를 덮쳐버린 것처럼 말이다. 그는 비너스를 욕망하면서 전념하기에 행복한 걸까? 표정은 신나 보이지 않는다. 바라는 것을 얻는 과정이 행복할 수 있으면 좋으련만. 마침내 99,999개의 장난감 차 조립을 끝낸 날, 자끄 아저씨는 작고 느리고 오래된 차 지붕 위에 산더미처럼 장난감 차를 싣고 99,999땡그랑을 받으러 간다. 값을 치르고 최고의 차 '비너스'의 키를 받고는 자동차에 꽂아 시동을 건다. "얏호!" 자끄 아저씨는 최고의 멋쟁이가 된 기분이다.

'더 최고'를 만나는 순간까지가 운명인 '최고'의 차로 주행하는 첫날! 자끄 아저씨가 비너스를 타고 거리를 달리는데 대문짝만 한 광고판이 눈을 사로잡는다. "더 아름답고, 더 빠르고, 더 세련된 자동차 아프로디테!" 운전대 앞의 자끄 아저씨는 지나쳐 온 광고판에 시선이 꽂혀 목이 꺾일 지경이다. 웃기다 못해 슬픈 장면이다. 자끄 아저씨는 더 최고인 아프로디테에 또 발목이 잡힐까? 다음 날, 파자마 차림의 자끄 아저씨는 터벅터벅 맥없이 식탁으로 가서 끼니를 때우는 듯하더니 소파에서 장난감 차 조립으로 하루를 시작한다. 가여운 자끄 아저씨! 그가 "최고의 차 비너스"란 광고판을 만나지 않았더라면 고단한 욕망의 대열에 올라타지 않아도 됐을 터인데. 사방에서 쏟아지는 광고의 화살을 피할 수 없어 욕망의 사슬에 묶인 수많은 자끄 아저씨들을 어찌할꼬.

소비지상주의가 만연한 현대에 무차별적으로 쏟아지는 광고의 화살을 막아낼 방패는 없을까? 무수한 광고의 유혹을 뿌리치고 선택적 소비를 해야 하는데 그것이 쉽지 않다. 욕망의 수레바퀴에 휘말리지 않으며 현명한 소비를 하기 위해 '물질 소비'에서 '가치 소비'로 시선을 돌려봄이 어떨까? 그것은 무한 욕망해도 좋을 텐데. 더 많이 욕망할수록 내 삶에 만족하게 하고 사회를 따뜻하게 할 테니 말이다.

함께 읽어요!

『보세주르 레지던스』 질 바슐레 지음 | 나선희 옮김 | 책빛

인기스타 자리에서 물러난 동물들이 모여 사는 '보세주르 레지던스'에서 벌어지는 이야기이다. 장난감 마케팅 풍자로 현대인의 소비 욕망을 들추며 진정한 행복을 생각하게 한다.

『상자 세상』 윤여림 글 | 이명하 그림 | 천개의바람

코로나19 팬데믹 이후 부쩍 늘어낸 택배 상자! 더 빨리 더 많이 소비하는 작금의 세태를 상자로 의인화하여 유쾌하게 풀어갔으나 무게감 있는 내용이다. 내 욕망이 숲을 사랑하는 마음으로 작아지기를 바라게 된다.

『착한 소비는 없다』 최원형 지음 | 자연과생태

소비는 곧 환경과 연결된다. 필요 이상의 물건은 쓰레기가 되고 지구 생존을 위협한다. 이런 사회문제를 해결하려면 소비 방식을 바꾸어야 한다며 지금까지의 무분별한 소비가 폭염과 한파, 빙하 감소, 물과 식량 부족, 노동 착취 등과 이어지는 일상의 사례를 들어 지속 가능한 지구를 위한 '똑똑한 소비' 방식을 알려준다.

『세상에서 가장 맛있는 무화과』
크리스 반 알스버그 지음 | 이지유 옮김
미래아이

결말을 말하고 싶어서
입이 근질거려

| 손효순

꿈에서 일어났던 일이 현실에서 일어난다고 상상해보자. 얼마나 짜릿할까? 매일 밤 좋은 꿈만 꾸기 위해 그 생각만 하며 부단히 노력해볼 수도 있지 않을까? 그리고 이런 상상은 어린 시절의 우리보다 나이 들어가는 지금의 우리가 더 많이 하지 않을까? 꿈이라면 깨지 않기를 바라면서 말이다.

평범한 맥락에서 일어나는 비범한 일들에 대한 생각이 매혹적이라고 말하는 작가가 있다. 『마법사 압둘 가사지의 정원』(2019)을 시작으로 칼데콧상을 여러 번 수상한 크리스 반 알스버그는 현실과 꿈의 경계를 자연스럽게 넘나드는 것으로 유명한 미국의 삽화가이자 아동문학 작가이다. 그런 작가의 환상적인 세계를 사실적으로 느끼게 하는 것은 매력적인 그림이다. 작가는 일상에서 자연스럽게

일어나는 환상 세계를 단조로운 색과 섬세한 묘사로 그려내는 것으로 유명하다. 단조로운 색의 그림은 그림책을 보는 내내 다양한 환상 세계로 들어가는 창구 역할을 하여 화려한 색보다 더한 생동감을 불러일으킨다. 그래서 지극히 일상적인 풍경에서 시작한 이야기를 읽는 동안 자연스럽게 환상 세계로 들어가는 경험을 하게 된다.

까다로운 치과 의사 비보 씨는 모든 것이 정돈되어 있어야만 한다. 집에서 기르는 개 마르셀이 짖거나 가구에 올라가거나 털이 자신의 옷에 묻는 것을 용납하지 않는다. 어느 날 비보 씨는 이가 아픈 할머니를 치료해주게 되는데, 할머니가 치료비 대신 먹으면 꿈이 현실이 된다는 무화과 두 개를 내밀자, 비보 씨는 화가 나 약도 주지 않고 쫓아버린다. 그날 저녁 할머니가 준 무화과 한 개를 먹고 잠을 잔 비보 씨는, 다음 날 아침 자신이 속옷만 입은 채 거리를 돌아다니고 있고 에펠탑이 고무처럼 축 늘어져 있는 것을 본다. 지난 밤 자신이 꾼 꿈이 현실이 된 것이다.

비보 씨는 하나 남은 무화과를 헛되이 쓰면 안 된다고 결심하고는 멋진 보트와 자가용 비행기와 궁궐 같은 집에 살며 볼품없는 개 마르셀 대신 멋진 사냥개를 데리고 다니는 꿈을 항상 꿀 수 있도록 연습한다. 드디어 하나 남은 무화과를 먹으려고 준비하는 그 순간, 비보 씨가 날마다 볼품없다고 구박하던 개 마르셀이 무화과를 날름 삼켜버린다. 화가 난 비보 씨는 마르셀을 잡으려고 온 집

안을 쫓아다니다 잡지 못하자 다음 날 혼내주기로 하고 잠이 드는데…. 다음 날 아침 무슨 일이 일어났을까? 상상의 재미를 마음껏 누리시라, 마지막 얘기는 남겨두련다.

그림은 책 표지를 시작으로 모두 네모난 틀을 액자처럼 사용하여 명화를 감상하듯 오래 머물러 있게 했고, 글은 그림을 감상하는 데 방해가 되지 않도록 왼쪽이나 오른쪽 상단에 역시 네모난 틀 안에 정돈했다. 비보 씨의 까다롭고 깔끔한 성격처럼 말이다. 섬세한 그림과 환상적인 이야기가 어우러진 이 그림책은 환상적인 색감과 떨어질 듯한 무화과 과즙 한 방울까지 표현한 사실성이 돋보인다.

그림을 더 찬찬히 보자. 책 표지의 과즙이 떨어질 듯한 무화과를 막 입에 넣으려고 하는 비보 씨, 날카로운 콧날에 까만 안경, 경사가 진 이마, 깔끔한 콧수염, 잘 차려입은 양복에 나비넥타이까지. 인물의 성격을 한눈에 알 수 있다. 손에 종이를 말아 들고 마르셀을 야단치는 듯한 모습과 할머니의 이를 뺄 때 할머니의 얼굴을 누르고 있거나 할머니가 돈 대신 무화과를 내밀자 주먹을 쥔 모습 등도 비보 씨의 성격을 설명하는 데 부족함이 없다. 무화과를 접시에 올려놓고 포크와 칼로 반듯하게 자르는 모습, 개 마르셀의 팽팽하게 당겨진 목줄, 거울에 대고 부자라고 주문처럼 말하는 모습, 두 번째 무화과를 먹으려고 하는 모습 들도 긴장감을 주어 그림에서 눈을 떼지 못하게 한다. 이렇듯 탁월하면서도 사실적인 인물 묘사로 그림만 보고 있어도 비보 씨의 성격이 어떻고 기분이 어떠한지 단박에 알 수 있다.

유별난 인물의 등장으로 팽팽한 긴장감을 느끼던 독자들이 누구도 예상치 못한 결말에서 통쾌함을 느낄 때, 어린 시절 누구나 한 번쯤 꿈꾸었을 환상의 세계로 빠져들게 된다. 팽팽한 줄을 당기는 것처럼 긴장감이 클수록 그 줄이 끊어졌을 때의 통쾌함과 허탈함은 배가 되는 듯하다. 그러나 작가는 결말을 강조하지 않는다. 그래서 툭 던지듯이 한 페이지로 마무리 지어 반전인 줄도 모르게 반전의 즐거움을 주고, 마지막 장면 하나로 그동안 도드라지지 않았던 마르셀의 처지 역시 상상할 수 있게 한다. 마르셀이라는 개가 왜 등장할까 했는데 이렇게 깜찍하게 쓰이다니, 웃음이 절로 나온다. 그래서 다 읽고 난 후에는 다시 또 그림들을 찬찬히 보면서 페이지를 넘길 때마다 웃을 준비를 하게 된다. 또한 이야기를 모두 알고 있어서 말하고 싶은 걸 참아야 하는 어려운 숙제도 해야 해 짜릿함과 어려움을 동시에 느낄 수 있다.

웃을 일이 별로 없는 어른들이 해학과 풍자를 통해 통쾌하게 한 번 웃기에는 이 그림책이 딱이다.

함께 읽어요!

『**마법사 압둘 가사지의 정원**』 크리스 반 알스버그 지음 | 정회성 옮김 | 비룡소

마법사의 정원에서 강아지를 잃어버리며 벌어지는 사건이라는 간단한 서사지만, 환상 세계를 여행하는 데는 손색이 없다.

『**하늘을 나는 배, 제퍼**』 크리스 반 알스버그 지음 | 정회성 옮김 | 비룡소

바다를 무대로 펼쳐지는 마법 같은 이야기가 현실과 상상의 경계를 허물며, 환상적인 분위기를 연출하는 탁월함이 돋보이는 그림책이다.

『**어리석은 판사**』 하브 제마크 글 | 마고 제마크 그림 | 장미란 옮김 | 시공주니어

사람들이 찾아와 괴물이 이곳으로 오고 있다고 판사에게 말하지만, 괴물이 없다고 믿는 판사는 모두 감옥에 가두어버린다. 헌데 마지막으로 나타난 피고는 다름 아닌 바로 그 괴물! 판사는 어떻게 되었을까?

『쫌 이상한 사람들』

미겔 탕코 지음 | 정혜경 옮김 | 문학동네

세상을 밝히는
따뜻하고 행복한 사람들

| 김정해

밝고 환한 색을 주로 찾으면 나이가 들었다는 신호라나? 무채색의 옷과 장식을 선호하던 사람도 나이가 들면 밝고 눈이 환해지는 색에 마음이 간다고들 한다. 젊음은 그 자체로 화려해서인지 밝음을 굳이 찾을 이유가 없나 보다. 이렇듯 색은 사람들이 사는 세상의 다양한 정서 상태를 대변해주기도 한다. 코로나19 팬데믹 이후 이 시대와 상황이 주는 무게감과 어두움의 정서를 사람들은 '코로나 블루'라고 이름 붙였다. 어두운 블루의 감상에 젖어 있던 가운데 표지의 산뜻한 파랑에 이끌려 책을 집어 들었다. 파란색을 입은 사람들은 마음속도 파랄까? 밝은 파랑이 조금씩 섞인 무언가를 입은 표지 인물들의 마음은 어떤 색일지 궁금하다.

표지를 넘기면 파랑이 면지 전면에 펼쳐진다. 속표지 뒷면에

"좀 이상한 그대에게"라고 쓰여 있다. 이 책을 읽는 독자는 이상한가? 이상^{異常}의 사전적 의미는 "정상적인 상태와 다름", "지금까지의 경험이나 지식과는 달리 별나거나 색다름"이다. 또 다른 한자어인 이상^{理想}의 사전적 의미는 "생각할 수 있는 범위 안에서 가장 완전하다고 여겨지는 상태"이다. 그런데 작가의 이상한 그대는 '이상^{異常}'한 사람일까, '이상^{理想}'한 사람일까?

길에 개미 떼가 지나가자 작은 생명체를 밟을세라 조심조심 발을 옮겨 걷는 남자, 꽃과 동물 문신을 한 굵은 팔뚝으로 여린 동물을 보듬는 덩치 큰 남자, 운동 경기에서 상대 팀의 승리를 진심으로 기뻐하는 소녀, 청중 없는 홀에서도 음악에 심취해 연주하는 세 사람, 길을 걷다가 자동차 안의 소년과 눈이 마주치자 혀를 내밀어 웃기는 남자, 춤추고 싶을 때면 멋진 무도회장이 아니더라도 춤출 수 있는 남녀, 언제나 손잡고 다니기를 좋아하고 식물을 잘 보살피는 여인, 장난감 목마를 타고 행진하는 아이가 꿈꾸도록 말 위의 카우보이를 더욱 멋지게 그려주는 화가, 낚시터에서 자신보다 큰 물고기를 낚은 아이를 치켜세울 줄 아는 남자! 사람들의 모습을 찬찬히 들여다보고 나니, 주인공들이 가진 색은 마음속까지 기분 좋은 파랑임을 알게 된다. 작가 미겔 탕코는 이러한 그대에게 세상에 당신들이 있어 정말 다행이라고 말한다.

마지막 장을 덮으면서는 작가의 "이상한"이란 말이 따듯하게 느

껴진다. 일상에서 무심코 지나칠 수 있는 약하고 소외된 존재를 존중하며 그들의 안위에 민감한 사람, 승부 이전에 상대방을 동등하게 여길 줄 아는 사람, 누군가의 격려 없이도 선택한 길을 기꺼이 가는 사람, 웃음의 힘을 알고 나누는 사람, 내 안의 리듬을 느끼며 표현할 줄 아는 사람, 어린 생명의 성장에 가치를 부여하는 사람. 이들은 모두 이상異常하면서 이상理想한 사람들이다. 일상에서 정상적으로 느껴져야 할 행동이 이상하게 느껴진다는 것은 그만큼 우리가 결핍이 많은 시대를 살아가고 있다는 방증이리라. 종종 뉴스에서 의인이라 칭송되는 사람들의 일화를 보면 하나같이 "당연한 일을 했을 뿐"이라며 겸연쩍어한다. 참 이상異常하다. 당연한 일을 하는 사람이 의인이 되는 세상이. 그러나 그런 사람이 많아져야 세상이 밝고

따뜻해지리라. 또한 '이상理想'은 학자나 수도자에게서가 아닌, 서로를 귀히 여기고 보살피는 사람들에게서 느낄 수 있는 상태일 것이다. 마지막 장에 파란색을 입은 주인공들이 다 같이 독자에게 달려오는 듯한 장면이 펼쳐지는데, 그들의 함성이 들려오는 것 같다. 이상異常한 사람들이 함께 모여 이상理想한 세상을 만들어 가자는 듯이.

    그림은 전체적으로 연노랑색을 써서 따뜻한 느낌인데, 간결하면서도 고불거리는 장난스러운 선으로 그려졌다. 파란색을 상징적으로 활용해 시선을 끄는데, 경쾌하고 밝은 분위기이다. 이 책은 그림으로 읽을 수 있는 이야기와 글로 쓴 이야기가 같다. 그림만으로도 말하려는 메시지가 명확하게 전달된다. 미켈 탕코는 『내가 아빠에게 가르쳐 준 것들』(2017), 『수학에 빠진 아이』(2020)를 쓰고 그렸고, 『대단한 무엇』(다비드 칼리 글, 2019)에 그림을 그렸다. 그의 작품에는 순수한 동심이 담겨 있어 평범한 사람들의 일상에서 찾을 수 있는 고결한 마음을 보여주고자 하는 듯하다. 그는 자신을 어린이책 작가이자 일러스트레이터라고 소개한다. 1972년 스페인에서 태어나 지금은 아내 페데리카와 두 아들 파블로, 자비에와 함께 밀라노에 살고 있다. 어린 시절 수많은 책을 읽으며 이미지의 힘에 매료되었고, 그 열정을 그림책 작가라는 직업에 쏟아붓고 있다. 일러스트레이션을 가르치며 창의적인 워크숍도 열고 있다.

    이 책에서 눈여겨볼 점은 열네 가지 에피소드의 각 주인공이 모두 푸른색 옷을 입었다는 것이다. 미젤 탕코가 사용한 푸른색이 무엇을 상징하는지 생각해보게 한다. 맑고 짙은 파랑인 울트라마린의 원료는 보석의 일종인 청금석이다. 몇 세기 동안 아프가니스탄 북부 산맥에 있는 건조지대에서만 채굴되어 금보다 귀하게 여겨졌다. 그것은 유럽까지 옮겨져 '바다를 넘은 색'이 되었다. 고대로부터 파랑은 현실에서 감지하기 힘든 대상이나 초월적인 것을 표현하는 데 쓰였다. 중세 성화에 등장하는 예수나 성모 마리아의 옷을 그릴 때 주로 사용된 것에서 알 수 있듯이, 신성과 존엄을 상징하는 색이기도 하다. 이브 클라인은 파란색에 빠진 대표적인 현대 화가이다. 그는 "파랑은 볼 수 없는 것을 보이게 하는 색"이라 했고, 어떤 색채 감정가는 "푸른색이 깊어지면 사람의 '무한'의 감각이 초래되고 순수하고 초자연적인 것에 대한 욕구를 느끼게 된다"고 하였다.

『쫌 이상한 사람들』에서 주인공들의 마음은 보이는 현재에만 머물러 있지 않고, 생명체들의 보이지 않는 영혼까지 바라보고 있다. 그들의 마음속에 신성과 존엄의 푸른 눈이 빛나고 있는 것이다. 마지막 장에 좁은 문으로 쏟아져 나오는 사람들의 옷에는 파란색이 조금씩 있다. 이상異常하면서 이상理想한 세상을 꿈꾸는 사람들의 마음 빛이 반짝인다.

⁂ 함께 읽어요!

『내가 아빠에게 가르쳐 준 것들』 미겔 탕코 지음 | 심재원 옮김 | 위즈덤하우스
비 맞아보기, 느긋하게 개미 보기 등 아이를 통하여 내가 잊고 있었던 일상을 돌아보며 아이와 함께 성장하는 삶의 의미를 깨닫게 한다.

『수학에 빠진 아이』 미겔 탕코 지음 | 김세실 옮김 | 나는별
물수제비를 뜨면서 동심원을 생각하고, 미끄럼을 타면서 곡선을 떠올리며 수학에 빠진 아이는 행복하다. 자기가 좋아하는 일에 열정적인 삶의 기쁨을 아기자기한 그림으로 표현한 유쾌한 책이다.

『대단한 무엇』 다비드 칼리 글 | 미겔 탕코 그림 | 김경연 옮김 | 문학동네
가족사진을 보면서 이야기하는 걸 좋아하는 주인공에게 "넌 뭐가 되든지, 대단한 개가 될 거다!"라고 말하는 아빠가 생각하는 대단함이란 무엇일까? 평범한 사람들 속에서 위대함을 발견하는 시선을 배울 수 있다.

『엄마』

엘렌 델포르주 글 | 캉탱 그레방 그림
권지현 옮김 | 밝은미래

다르지만
같은 이름 엄마

| 유주현

"음마마마음마", "엄… 마", "엄마아아", "어엄마아", "어머니", "엄마, 엄마!", "나의 사랑하는 엄마"…. 기쁠 때, 슬플 때, 놀랄 때 항상 나오는, 세상에 처음 생긴 말이고 세상이 끝나는 순간까지 함께하는 이름 엄마! 이 책은 수억 명의 아이만큼 세상은 다르지만, "어디를 가든 아이를 안고 있는 이들에게 붙여지는 똑같은, 유일한 이름", 다르지만 똑같은 31명 엄마의 모습을 그리고 있다.

『엄마』는 어린이책을 45권 이상 출간한 그림작가 캉탱 그레방과 그의 친척인 엘렌 델포르주의 첫 번째 작품이다. 2018년 출간되자마자 폴란드어, 프랑스어, 스페인어, 네덜란드어, 이탈리아어, 독일어, 중국어, 영어로도 출간되면서 세계적으로 선풍적인 반응을 불러일으켰다.

이 책에서 그려지는 31명의 엄마는 사는 나라도 다르고 나이도 다르고 마주한 삶의 모습도 다르다. 갓 태어난 아이와 처음 말을 하는 기쁨에 찬 엄마, 아이가 다치면 팔을 벌려주고, 마법의 입맞춤으로 고통을 없애주며 일어나 달리라고 말해주는 요새 같은 엄마, 남들의 시선과 조언, 떠들어대는 말에 아랑곳하지 않고 아이에게 젖을 물리는 우아한 엄마, 자장가를 불러주다 아이보다 먼저 잠든 엄마, 매일 브로콜리 한 숟가락을 더 먹이기 위해 아이와 힘겨운 싸움을 기꺼이 감수하는 엄마, 뒤통수에도 눈이 있어 아이가 어디에 있든 다 보이는 감시자이자 스파이 같은 엄마. 때때로 아이에게 주의를 주고 몰아세우고 성가시게도 하지만 그녀의 시선은 항상 아이를 향해 있다.

하지만 이 엄마에게도 다른 삶이 있었다. 의사가 되고 싶었던 엄마는 환자를 치료하는 대신에 딸의 상처를 돌보았고, 넓은 세상을 알고 싶었지만 아이를 업은 채 홀로 들판에 서서 더 넓은 세상과 맞서야 했다. 추수하기 전 떠나버린 젊은 아빠를 대신해 긴 밤을 홀로 지새우며 아가의 미래를 지키는 존재가 되었고, 아름다운 여자임을 잊은 채 북새통이거나 고장나기 일쑤인 버스에서 아이를 데려다주고 데려오며 하루를 보내기도 한다. 화려한 드레스, 사치스러운 가구, 파티에 둘러싸여 화려하게 보여도 한 달에 한 번만 아이를 만날 수 있어 슬픈 눈빛을 가진 엄마도 있다. 하지만 이 모든 엄마

는 생의 출발선에 선 아이에게 인생이라는 모험의 바통을 넘겨주기 위해 오늘도 모범을 보이며 살아가고 있다.

　엄마의 삶의 무게, 사랑의 정도를 보여주는 듯한 압도적인 판형(270×340밀리미터)의 책을 펼치면 왼쪽 면에는 글과 그림을 보충 설명하는 듯한 단순한 드로잉이 있고, 오른쪽 면에는 엄마와 아이의 일상이 강렬한 색과 함께 그려진다. 오른쪽 면을 가득 채운 원색에 가까운 강렬한 색채, 배경을 최소화하고 인물의 표정과 감정을 클로즈업한 프레임 속 그림은 한 폭의 명화, 한 장의 사진처럼 엄마와 아이만이 존재하는 공간을 창조한다.

이 프레임 속 엄마와 아이는 누구도 침범할 수 없는, 시간이 멈춘 듯한 둘만의 공간에 있다. 아이는 엄마의 보호 속에 행복한 표정을 짓고 있고, 아이를 지켜야 하고 세상 밖으로 모험을 보내야 하는 엄마는 불안하고 걱정 가득한 눈빛을 하고 있다. 무서운 세상의 가장자리에 선 아이에게 변화를 두려워하지 않으며 타인과 함께하고 나눔과 유머를 알며 무엇보다도 자신을 사랑하는 아이로 자랄 수 있도록 기다려주는 성벽 같은 곳이다. 그리고 언젠가 아이가 엄마 품을 떠나는 두려운 순간이 올지라도 아이와 함께한 시간의 씨앗이 무럭무럭 자라기를 희망하면서 아이가 성장하고 모험을 떠나는 것을 받아들여야 하는 공간이다.

단순하고 선이 굵은 묘사, 배경보다 인물의 표정과 감정을 강조한 강렬한 색채의 그림은 각기 다른 나라와 시대에 살고 있는 전형적이고도 다양한 엄마들의 삶을 묘사하고 있다. 때로는 무심하게 때로는 인생의 고단함에 눌려 불안한 듯 허공을 응시하지만, 엄마의 손은 아이를 안고 아이를 붙잡고 아이에게로 향해 있다. 나라가

다르고 시대가 다르고 처한 환경이 달라도 변함없이 아이와 함께 있는 엄마의 모습에서 절박함과 비장함까지 느껴진다. 그리고 그림 속 엄마와 아이의 모습을 따라가면서 계속 책장을 넘기다 보면 마침내 지금은 흐릿해진 우리네 엄마의 모습, 지금은 일상 속에서 무덤덤해진 우리의 모습이 겹쳐진다. 오늘도 아이의 손을 꼭 잡고 세상을 향해 질주하는 모든 엄마에게 이 책을 권하고 싶다.

함께 읽어요!

『우리 엄마』 앤서니 브라운 지음 | 허은미 옮김 | 웅진주니어
요리사부터 우주비행사까지 엄마가 할 수 없는 일은 하나도 없다. 세계적인 그림 작가 앤서니 브라운이 선사하는 화려하고 포근하고 재미있는 엄마 그림책이다.

『이상한 엄마』 백희나 지음 | 책읽는곰
아이는 아프고 엄마는 회사에서 올 수 없고, 이럴 때 엄마를 대신할 이런 엄마, 할머니 한 분이 계시면 정말 좋겠다. 오늘도 아픈 아이를 두고 직장으로 출근한 엄마, 엄마 없이 혼자 집을 지켜야 하는 아이에게 선물하고픈 책이다.

『어른이 되면, 나는』 캉탱 그레방 지음 | 엄혜숙 옮김 | 꿈꾸는달팽이
아이가 어른이 되면 어떤 일을 하고 싶은지, 무엇을 좋아하는지 함께 이야기하면서 읽기 좋은 책. 귀여운 강아지 주인공들 속에서 캉탱 그레방이 그린 무용수가 되고픈 로라를 찾아보기를….

『여기보다 어딘가』

거스 고든 지음 | 김서정 옮김
그림책공작소

몽글몽글한
여행 이야기 속으로

| 변영이

    2021년 초 책모임에서 코로나19 팬데믹 상황이라 어디론가 떠나지 못하는 아쉬움을 달래고자 여행 관련 책을 읽었다. 『생각으로 인도하는 질문여행』(전명윤, 2017) 속 독특한 인도 여행기는 부럽지만 도전하고 싶지 않았고, 작가 무라카미 하루키의 『먼 북소리』(2019)는 여행지에서 책을 써 나가는 과정이 담겨 있어 또 다른 재미가 있었다. 이런저런 꼬리 물기를 하다 『여행준비의 기술』(박재영, 2020)을 만났다. "영어가 안 되면 시원스쿨, 여행을 못 가면 여행준비!" "코로나 우울증 극복을 위한 최고의 명약!" 웃긴데 쓸모 있고, 가벼운데 진지하기까지 하단다. 여행 준비가 취미라는 작가의 독특한 에세이는 여행에 대한 의미를 다시 생각하게 해주었다. 덧붙여 읽기에 좋은 그림책 『여기보다 어딘가』는 조지와 파스칼의 몽글몽글한 여

 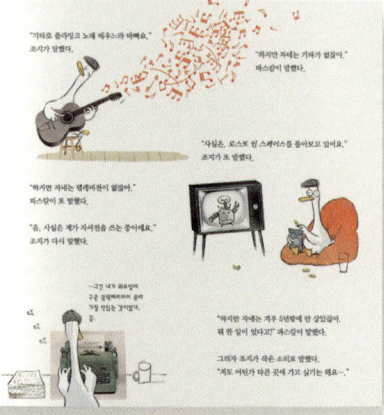 

행 이야기이다.

    책 표지에 그려진 동산 위 나무집 앞에는 무리 지어 날아가는 새를 바라보는 주인공 조지가 있다. 대부분의 새는 어디론가 떠나지만 조지는 여기 있는 게 좋다. 조지는 기가 막힌 빵을 구워내는 솜씨를 지녔다. 친구들은 떠나기 전 언제나 조지를 찾는다. 아무 데도 가지 않는 조지가 만든 빵은 아이러니하게도 여행지의 맛을 품고 있다. 초코 크림 도넛은 안데스산맥 꼭대기에서 떠오르는 태양처럼 찬란하고, 사과 파이는 기가 막히게 멋진 파리의 밤, 당근 케이크는 말도 못 하게 아름다운 알래스카 툰드라를 떠올리게 한다.

    친구들은 정말 근사한 곳이니 함께 날아가자고 청한다. 커다란 말풍선 안에는 글 대신 여행지의 이미지가 담겨 있다. 조지는 품평

회에 낼 브라우니 때문에, 다림질거리가 많아서, 요가 수업을 받아야 해서 바쁘다고 거절한다. 실제로 오븐에 들어 있는 건 브라우니가 아닌 당근 파이였고, 다림질거리는 산더미처럼 쌓여 있기는커녕 두어 켤레의 양말만 있을 뿐이다. 글과 그림을 비교하다 보면 조지의 말과 행동이 일치하지 않는다. 명민한 독자라면 그림이 주는 암시를 통해 금방 알아차릴 수 있다. 같은 구조가 몇 번 반복되면서 리듬감을 만드는데 유머러스하게 다가온다.

겨울이 찾아왔고, 새들은 다 떠났고, 조지는 혼자 남았다. 조지는 겨울을 지낼 곳을 찾던 곰 아저씨 파스칼을 만난다. 따뜻한 곳으로 떠나지 않은 이유를 묻는 파스칼의 말풍선은 앞선 친구들과는 다르다. 해변에서 일광욕을 하는 조지의 모습을 담고 있다. 조지의 변명은 아직 남아 있다. 기타로 플라밍고 노래를 배우느라, 〈로스트 인 스페이스〉를 몰아 보느라, 자서전을 쓰느라 그랬다고 답한다. 파스칼은 거기서 멈추지 않는다. 기타와 텔레비전이 없지 않느냐고, 자서전을 쓰기에는 한 일이 없다고 조목조목 반문한다. 조지는 그제야 고개를 푹 숙이고서 꽁꽁 숨겨왔던 비밀을 털어놓는다. "저도 어딘가 다른 곳에 가고 싶기는 해요…." "하늘을 날 수만 있다면요."

파스칼은 문제를 해결할 수 있는 기발한 방법들을 알고 있다고 했지만, 쓸모도 없었고 효과도 없었다. 결국 조지의 비행은 제대

로 되지 않았고, 기가 죽은 둘이 선택한 건 조용히 앉아 읽는 것이었다. 우연히 신문 속 커다란 풍선을 발견하고, 또 다른 도전을 한다. 기가 막힌 손재주가 있다고 큰소리쳤던 파스칼이 주도하는 듯했지만, 그걸 완성해낸 건 조지였다. 회피만 하고 있던 조지에게 소통의 힘을 발휘해 힘을 실어준 파스칼은 실로 빛나는 조력자이다. 커다란 풍선을 타고 날게 된 조지와 파스칼은 몇 달 동안 여행을 떠났고, 정말 기가 막힌 파리의 밤을 마주한다. 여행을 실컷 누리던 둘은 "조지가 직접 구운 파이"가 그리워졌고 일상으로 돌아온다.

  호주 시드니 북쪽 해변에 아이 셋과 함께 머무르며 작품 활동을 하고 있는 작가 거스 고든에게 프랑스 파리는 영감을 주는 도시일 듯하다. 하늘에 떠 있는 풍선에서 내려다보는 파리의 밤, 에펠탑은 참으로 근사하게 묘사된다. 여행 가방, 의자, 주전자, 오븐, 다리미, 바구니, 모자, 타자기, 빵 등 카탈로그 이미지를 스캔하여 작업한 콜라주 또한 매력적이다. 컬러와 흑백을 넘나들며 퍼즐처럼 이미지가 연결된다. 작가의 이전 작품 『허먼과 로지』(2016)의 흔적도 발견하는 재미가 있다. 작가의 자유분방함과 위트 있는 센스가 돋보인다.

　냉정하게 바라보면 조지는 원래 계획대로 스스로 날지는 못했으니 실패한 게 아닐까, 의구심을 표할 수도 있다. 하지만 자신의 문제를 회피하다가 용기를 내어 도전하는 조지의 모습은 진정으로 가치 있어 보인다. 또한 혼자보다 약간은 부족하고 서툰 둘이 연대하여 이뤄낸 것에 의미를 둘 수도 있겠다.

　조지처럼 핑곗거리를 두둑두둑 쌓아놓고 동동거리고 있는 건 없는지 이참에 나의 내면을 살펴보자. 누군가에게는 조지처럼 여행일 수도 있고, 물속의 자유로움을 느껴보는 수영일 수도, 델마와 루이스처럼 폼나게 떠나는 운전일 수도 있겠다. 이 그림책이 경계를 넘어선 자의 여유와 내공을 쌓을 수 있는 계기가 된다면 좋겠다.

　책을 덮으면 『인생의 파이 한 조각』을 읽고 있는 조지가 보인다. 여행할 때 썼던 모자를 쓰고 말이다. 인생의 파이 한 조각 같았을 여행을 마친 조지, 다음 조각을 찾으러 떠나려는 참일지도 모르겠다. 조지의 다음 조각은 어떤 맛일지 기대된다. 응원을 듬뿍 보내고 싶다, 물론 나에게도 책을 읽은 우리에게도….

함께 읽어요!

『허먼과 로지』 거스 고든 지음 | 김서정 옮김 | 그림책공작소

거스 고든의 이전 작품으로 오스트레일리아 어린이도서협회 선정(CBCA) 2013년 올해의 그림책상 수상작이다. 『여기보다 어딘가』에서 "빵&재즈 허먼과 로지" 간판을 발견하고 두 사람의 이야기가 궁금해졌다면 이어서 읽기를 추천한다. 오보에를 연주하는 허먼과 재즈를 즐기는 로지, 둘과 함께하는 뉴욕 풍경은 어떤 느낌으로 다가올지 기대해도 좋다.

『예술의 도시, 파리』 에릭 바튀 지음 | 김영신 옮김 | 빨간콩

프랑스의 에펠탑과 더불어 노트르담 대성당, 몽마르트르, 개선문까지 12개의 멋진 풍경이 담겨 있다. 에릭 바튀는 19세기 말 벨에포크(아름다운 시절)의 파리에서 사람들의 손에서 손으로 전해지는 그림 이야기를 특별히 하고 싶었다고 말한다. 작가의 손끝에서 강렬한 색감으로 펼쳐지는 파리의 풍경은 자유롭고 낭만적이기까지 하다.

『여행준비의 기술』 박재영 지음 | 글항아리

'프로 여행 준비러'로서 10년 동안 야심 차게 구상한 '여행책'이 아니고 '여행 준비에 관한 책'이다. 여행 준비에서 중요하다고 꼽는 '여행의 명분'을 만드는 기술을 습득하고 싶다면 만나보시라.

『그림 그리는 할머니
김두엽입니다』

김두엽 지음 | 북로그컴퍼니

그림 그리기 딱 좋은 나이, 그림 그리는 할머니 김두엽입니다

| 오현아

어느 날, 너무너무 심심하던 83세 할머니 눈에 마룻바닥 위에 있던 하얀 종이가 들어왔다. 할머니는 홀린 듯이 종이를 집어 들고 연필을 찾아내어 사과 한 알을 그렸다. 연필로 그린 사과 한 알! 할머니는 그렇게 첫 그림을 그리게 된 후 "그림 그리는 할머니 김두엽"이 되었다.

2019년 7월 〈인간극장〉 '어머니의 그림' 편에는 그리고 싶은 그림을 그리기 위해 생활비를 벌기 위해 택배 일을 하는 화가 이현영 씨와 그의 어머니 김두엽 할머니가 출연했다. 고단하고 치열하게 사는 이들의 일상은 우리 주위의 평범한 이웃과 특별히 다르지 않다. 하지만 방영 당시뿐만 아니라 2년이 지난 지금도 유튜브 등을 통해 회자되는 것은 김두엽 할머니의 그림이 주는 잔잔하고 따뜻한 감동

때문이리라.

그림을 배운 적 없었던 할머니는 집에서 혼자 우두커니 있다가 심심풀이로 사과를 그렸다. 아들은 마루에 아무렇게나 놓여 있던 할머니의 사과 그림을 우연히 보게 되었고, 어머니의 첫 그림을 칭찬했다. 할머니는 아들의 칭찬이 너무 좋아서 그 칭찬을 양분 삼아 그림을 그리기 시작했다. 달력 종이를 실로 묶어 만든 할머니표 스케치북에 꽃과 나무를 그리고 사람도 그리고 집을 그리고…. 할머니는 그리고 싶은 것들을 죄다 그리면서 시간을 보내게 되었다. 할머니의 솜씨가 늘자 아들은 도화지와 색연필, 물감과 붓 같은 그림 도구들을 가져다주었고, 그렇게 소일거리 삼아 시작된 그림은 할머니만의 색을 입게 되었다. 그림 그리는 즐거움에 시간 가는 줄 모르게 된 할머니는 아들과 대화할 주제가 생겨 그렇게 좋을 수가 없었다고 한다. 김두엽 할머니는 아들의 칭찬과 관심 속에 매일 그림을 그렸다. 몇 년이 지나자 꿈에서조차 생각하지 못했던 일, 할머니는 그동안의 그림들을 모아 전시하게 되었는데, 지역신문과 텔레비전에 노출되면서 "한국의 모지스 할머니", "그림 그리는 할머니 김두엽"으로 알려지게 되었다.

『그림 그리는 할머니 김두엽입니다』는 할머니의 그림과 삶이 담긴 한 편의 동화 같은 행복 일기다. 이 책은 김두엽 할머니가 83세에 독학으로 그림을 시작해서 94세인 현재까지도 왕성하게 그림

을 그리고 전시회를 열어온 10여 년의 여정, 110점의 그림과 그림에 관한 할머니의 이야기가 들어 있다. 단순하고 소박한 할머니의 그림은 보는 사람들을 미소 짓게 하는데, 꽃과 나무, 집과 사람같이 우리가 일상적으로 만나는 소재들이 할머니의 손을 거쳐 특별한 그림으로 탄생했기 때문이다. 할머니의 그림은 배경과 주제가 되는 사물들이 틀에 얽매이지 않고 과감하게 색을 조합하는 것이 특징이다. 때론 전혀 어울리지 않을 것 같은 색이 신기하게 어우러져 강렬한 에너지를 뿜어내 그녀의 그림을 개구지고 유쾌하게 만든다.

할머니의 그림 중 유난히 눈길을 사로잡는 작품이 있다. "꽃밤 데이트"라는 제목의 그림으로 깜깜한 밤, 활짝 핀 하얀색, 분홍색 꽃들이 공간 가득 수놓고, 노랑나비, 흰나비가 날아와 꽃과 함께 어다 가슴이 많이 설레었어요. 지금도 그때를 떠올리면 아련한 추억에 잠기게 됩니다. 벚꽃이 피고 꽃잎이 흩날리던 봄날이었죠. 들길에는 벚꽃과 이름 모를 노란 꽃들이 피어 있었어요. 그 사람과 함께 걷던 들판은 푸르렀고 시간이 지나 누렇게 변한 들판을 달리기도 했어요. 그 사람은 비 오는 날과 햇빛 좋은 날, 그리고 바람이 부는 날에도 늘 자전거에 나를 태웠어요.

그때를 생각하며 그린 그림이 있어요. 나무 아래서 두 남녀가 손을 잡고 데이트하는 그림인데, 며느리가 그림을 보더니 단번에 "어머니, 이 그림은 '꽃밤 데이트'예요."라고 하는 거예요. 그래서 그 그림의 제목이 〈꽃밤 데이트〉가 되었답니다. 사실 며느리한테 내 첫사랑과의 사연을 말한 적이 없는데, 어떻게 알았을까 참 신기합니다.

꽃밤 데이트
MixBeam, Acrylic on paper, 2019

우러져 춤춘다. 그림을 가득 채운 커다란 꽃나무 아래에는 한 쌍의 젊은 연인이 한 잎 두 잎 떨어지는 꽃비를 맞으며 손을 꼭 잡고 서 있다. 화사하고 커다란 사물에 비해 비현실적으로 작게 그려진 연인은 어여쁘면서도 애틋하다. 판타지 같은 이 그림은 한여름 밤의 짧은 꿈처럼 김두엽 할머니의 삶에서 가장 빛나고 행복했던 기억을 그려냈다. "첫사랑, 그와의 꽃밤 데이트"라는 꼭지에 담겨 있으며, 이어지는 그림을 통해 결혼 전 할머니의 꽃처녀 시절을 엿볼 수 있다.

책에서 할머니는 "평생 고생했지만, 이젠 그것도 추억이 되었네요. 지금은 먹을 것도 부족하지 않고 살 집도 있으니 걱정거리가 없어요. 구십 살이 넘은 지금, 나는 아주 좋은 시절을 살고 있네요. 요즘 나는 공주처럼 살고 있어요. 대통령도 부럽지 않게 아주 잘 살고 있답니다"라고 했다. 굽이굽이 고갯길과 같은 94년의 인생을 할머니는 "아팠던 날도 지나고 나면 한 폭의 그림"이라고 했다. 그래서일까. 드라마 작가 노희경은 "글도 아닌 그림을 보고, 울었다. 슬퍼서 운 게 아니고, 예뻐서 아름다워 울었다. 그리고 드는 의문 하나. 대체 화가 김두엽 할머니에게 인생은 무엇이기에 고되면 고될수록, 아프면 아플수록, 다치면 다칠수록 이리 더 희망차지는 것인지"라고 말한다. 할머니의 그림을 보고 있노라면 노희경 작가뿐만 아니라 다른 이들의 추천 글에도 깊이 공감하게 된다.

　책을 다 읽고 다시 앞표지로 돌아오면, 할머니가 직접 눌러쓴 삐뚤삐뚤한 책 제목이 그녀를 닮아 정겹게 보인다. 첫 장을 넘기면 해바라기 그림 아래 삐뚠 글씨 꾹꾹 눌러쓴 할머니의 자필 사인 "모두 행복하세요. 김두엽 2021년 5월"도 그 정겨움에 절로 미소 짓게 한다. 칠십 넘어 한글을 배워 그림에 이름 석 자 쓸 수 있는 것이 정말 좋다는 김두엽 할머니, 그렇게 『그림 그리는 할머니 김두엽입니다』는 모두의 해피엔딩을 응원하는 것 같다.

　전라남도 광양의 '갤러리 엠^M'에는 화가 할머니 김두엽과 아들 화가 이현영의 그림이 상설 전시되어 있다. 2021년 4월 1일에 열었으며, 갤러리 엠의 엠은 엄마 화가의 마더^{Mother}, 막내아들이 좋아하는 마운틴^{Mountain}, 며느리가 좋아하는 모던^{Modern}의 'M'을 뜻한다고 한다. 언젠가 따뜻한 위로와 충전이 필요한 날에 찾아가보면 어떨까. 모자母子 화가의 그림과 이들의 이야기로 가슴 가득 따뜻한 온기를 채워 올 수 있을 것이다.

함께 읽어요!

『인생에서 너무 늦은 때란 없습니다』 애나 메리 로버트슨 모지스 지음 | 류승경 옮김 | 수오서재
삶을 사랑한 화가 모지스 할머니의 그림 에세이! 76세에 그림을 시작해 101세까지, 모지스 할머니의 그림과 인생은 우리에게 삶에 대한 희망과 용기를 북돋운다.

『미스 럼피우스』 바버러 쿠니 지음 | 우미경 옮김 | 시공주니어
주인공 미스 럼피우스가 그랬듯이 "세상을 좀 더 아름답게 만들기 위한 일"이 무엇인지 생각하게 한다.

『복순의 꿈은 배우였다』 배수경 글 | 김주희 그림 | 백화만발
어릴 적 배우가 되고 싶던 복순이 어느새 할머니가 되어 그 꿈에 도전하는 유쾌한 이야기. 소소한 일상을 사는 우리 또한 누구도 살아보지 못한 내 인생의 주인공임을 잔잔하게 전해준다.

『책이 된 선비 이덕무』

이상희 글 | 김세현 그림 | 보림

책만 읽는 바보 이덕무의 지독한 책 사랑

| 김명희

그러다 문득 깊은 뜻을 깨치면 벌떡 일어나 까마귀처럼 웃었고,
한밤중에 귀한 책 얻는 꿈에서 깨어나면 안타까워 한숨지었다.

스스로 "책만 읽는 바보"라 했던 이덕무가 책을 읽다 말고 벌떡 일어나 만면에 환한 웃음을 머금고 한 마리 백로처럼 훨훨 춤을 추는 장면은 이 그림책의 백미(白眉)이다. 문득 깊은 뜻을 깨친 순간의 기쁨을 흐드러지게 피어나는 붉은 꽃잎으로 표현하여 보는 이의 가슴마저 설레게 한다.

『책이 된 선비 이덕무』는 이덕무의 글을 연구하여 글을 쓴 이상희 작가와 수묵화를 중심으로 우리 조상들의 삶과 정신을 화폭에 담아낸 김세현 화백이 빚어낸 그림책이다.

한지를 연상시키는 담백한 바탕색의 책 표지 앞뒤를 나란히 펼치면, 울창한 산을 배경으로 초가 단칸에 홀로 앉아 독서 삼매경에 빠진 선비의 모습이 눈에 들어온다. 책 읽기에 몰입한 그에게 세상의 소음과 인생살이의 고단함은 씻은 듯이 사라지고 책과 나만 존재하는 단순한 기쁨으로 충만하다. 보는 이의 가슴을 탁 트이게 하는 목멱산의 시원하고 힘찬 자태와 주막에 머물며 책을 필사하는 선비의 뒷모습, 세상을 하얗게 뒤덮은 폭설을 뚫고 백탑 아래로 모여드는 책 벗들의 나들이 장면이 김세현 화백 특유의 간결하고 명쾌한 그림에 힘입어 실감 나게 다가온다.

기침병을 앓을 때도, 누이 잃은 슬픔에 사무칠 때도, 쌀독이 비어갈 때도, 오직 책 읽는 힘으로 모진 풍파를 이겨낼 수 있었다고 하니 가난하고 외로운 선비에게 책이란 얼마나 큰 위안인가! 누이 잃은 아픔을 매화꽃의 생가지가 뚝뚝 잘린 이미지로 표현한 화가의 그림 앞에서 먹먹한 가슴이 되어 한동안 머물게 된다. 그가 평생 읽고 쓴 시와 글이 차곡차곡 쌓인 모습을 '책'의 한자인 '冊'이라는 그림글자를 활용해 나무로 그린 화가의 위트에 감탄과 미소가 절로 나온다. 책은 나무로부터 왔으며 다시 숲을 이루게 된다는 상징을 담은 것이리라.

이덕무는 18세기 조선 후기에 서얼로 태어나 뛰어난 글솜씨와 폭넓은 독서로 다져진 지식인임에도 불구하고 초야에 묻혀 고독하

고 궁핍한 삶을 이어갔다. 그런 이덕무에게 규장각 검서관이라는 귀한 일을 맡긴 정조 임금의 하해 같은 은혜는 눈부신 꽃비가 내리는 장면으로 표현하였다.

선비가 세상을 떠나자, 선비는 귀한 책이 되었다.

그림책의 마지막 글과 그림은 깊은 울림과 여운을 남긴다. 주인을 잃고 덩그러니 남은 초가, 하지만 빈집을 채우는 책들로 온기가 느껴진다. 한평생 "책만 읽는 바보"로 살다 간 이덕무의 올곧은 삶을 대변하듯 그가 떠난 집 주변에 무성하게 자란 나무들을 '대나무 죽竹' 자로 표현한 화가의 그림이 감동의 절정을 이룬다.

이 그림책을 읽노라면, 서울시 종로 2가 30번지 탑골공원 내 '원각사지 10층 석탑'이 떠오른다. 조선시대 한양 도성 한복판에 우뚝 솟아 흰 자태를 뽐내 "백탑"으로도 불리었다고 한다. 서울역사박물관에 따르면 18세기 무렵 진보적인 북학파 지식인들이 백탑 주변 동네에 이웃해 살면서 '백탑파'를 형성했다고 한다. 이들은 당대 신분과 나이의 벽을 넘어 우정을 나누고 변혁을 꿈꾼 선각자들이었다. 탑골과 목멱산 자락에 살던 연암 박지원, 이덕무, 유득공, 서상수, 박제가, 백동수. 이들은 책을 함께 읽고 논하는 책 벗이자 스승의 역할을 하면서 이용후생의 실학을 연구하고 실천한 참 지식인들이다. 백탑 아래 동네에서 오고 가며 어울리던 그들은 『백탑청연집白塔淸緣集』이라는 시문집을 펴내기도 했다. "백탑 아래 맺은 맑은 인연을 기린다"는 뜻으로 그들의 우정이 어떠했나를 짐작케 한다. 책을 유난히 좋아하지만 변변한 공부방 한 칸 없이 지내는 이덕무의 딱한 처지를 안타깝게 여긴 벗들은 가진 것을 조금씩 내어 서재 '청장서옥靑莊書屋'을 선물했다. '청장'은 이덕무의 호인데 '푸른 백로'를 말한다. 고요한 물가에 살면서 필요한 만큼의 물고기만 먹는 욕심 없는 새를 쏙 빼닮은 이덕무에게 어울리는 이름이다.

　김세현 화가는 정성껏 먹을 갈아 붓글씨 쓰는 일로 하루를 시작한다고 한다. 동양화를 전공하고 수묵화를 중심으로 한국 고유의 정신을 그림책에 담는 작업을 꾸준히 이어오고 있다. 대표적인 작품으로 『만년샤쓰』(방정환 글, 2019), 『준치 가시』(백석 글, 2006), 『엄마 까투리』(권정생 글, 2008), 『꽃그늘 환한 물』(정채봉 글, 2009), 『검은 바다』(문영숙 글, 2010), 『해룡이』(권정생 글, 2017), 『사금파리 한 조각』(린다 수 박 글, 2002), 『임금이 부른들 이 집에서 나갈까』(박수밀 글, 2014) 등 다수가 있다. 김세현의 그림은 간결하고 명쾌하며 소나기가 한바탕 쏟아진 뒤에 문득 고개를 내민 햇살 같은 따뜻함과 긍정의 에너지를 발산한다. 글이 채 담아내지 못하는, 글 너머의 깊은 속마음까지 길어 올리는 세심함이 있는가 하면, 과감한 생략과 강한 붓 터치로 생명력을 일궈내는 힘이 있다. 알록달록 현란한 색채와 복잡한 상징들을 읽어내느라 지친 그림책 독자들에게 김세현의 담백하고 따뜻한 그림책들은 쉼터이자 치유의 공간이다.

혹한이나 태풍에 가지가 부러지면 새롭게 싹 틔울 눈을 준비하고, 계절의 변화에 민감하게 반응하여 생존하는 법을 터득하는 나무들처럼, 하루가 다르게 변화하는 인공지능 시대를 살아가는 우리 모두에게 끝까지 살아남기 위한 전략으로 '독서'를 제안한다. 나를 발견하고 다른 세대를 이해하고 공감하면서 참다운 나로 살아남기 위해서는 책 위를 걷고 책 속으로 걸어 들어가야 한다. 이덕무의 지독한 책 사랑이 그를 '책이 된 선비'가 되게 한 것처럼, 우리도 당당한 한 그루 책 나무가 되고 울창한 숲을 이루어 다음 세대로 이어지기를 꿈꾸어본다. 아울러 '포노 사피엔스' 시대를 살고 있는 이들에게 이 한 권의 책을 건네며 종이책이 갖는 매력과 향기에 취해볼 것을 권하고 싶다.

⚑ 함께 읽어요!

『책만 보는 바보』 안소영 지음 | 보림

"이덕무와 그의 벗들 이야기"라는 부제가 말해주듯이 조선 후기 '백탑파'를 형성했던 연암 박지원을 비롯한 실학자들과 이덕무의 우정, 사상과 학문에의 열정, 새로운 세상을 향한 푸른 희망이 강남미 작가의 수묵화와 어우러져 아름답게 빛난다.

『꿈을 나르는 책 아주머니』 헤더 헨슨 글 | 데이비드 스몰 그림 | 김경미 옮김 | 비룡소

1930년대 미국에서의 실화를 바탕으로 쓴 책이다. 눈보라가 휘몰아치는 날에도 어김없이 책을 나르는 아주머니의 뒷모습을 바라보던 칼이 단단한 마음의 빗장을 풀고 책 읽는 아이로 변화하는 과정이 감동적이다.

『도서관이 키운 아이』 칼라 모리스 글 | 브래드 스니드 그림 | 이상희 옮김 | 그린북

호기심 많은 소년 멜빈이 도서관에 있는 책들과 사서선생님들을 벗 삼아 멋진 청년으로 성장하기까지의 이야기를 담았다. 늘 그 자리를 지키면서 아이들을 맞이하는 도서관, 아이들 눈높이로 키를 낮추어 소통하는 사서선생님들의 모습이 인상 깊다.

『르 코르뷔지에』
프란신 부셰·미쉘 코헨 글 | 미쉘 라비 그림
진형준 옮김 | 살림어린이

열린 손으로
꿈을 지은 사람

| 김명희

　이 책의 표지는 한 장의 벽돌을 손에 쥔 듯 질박하다. 콘크리트 질감의 두꺼운 표지와 철근을 연상시키는 까만 책등, 둥근 서체, 수작업 제본 방식 등 그림책의 물성이 한데 어우러져 '르 코르뷔지에다움'을 연출한다. 표지 중간에 안경 모양으로 구멍을 낸 재단 방식이 돋보인다. 뤼 코르뷔지에가 즐겨 쓰던 까만 뿔테 안경 사이로 보이는 밝은 노랑은 지중해의 햇살을 닮았다. 노랑, 파랑, 초록, 빨강의 도톰한 면지는 위니떼 다비타시옹의 차양을 떠올리게 한다. 책장을 넘기는 손길이 면지에 닿았을 뿐인데 뤼 코르뷔지에를 만난 듯 설렌다.
　이야기는 책의 왼쪽 면에서 등장하는 할아버지와 어린 손자의 동선을 따라 펼쳐진다.

"할아버지, 저런 창문들은 어디에나 다 있어요!"
"맞아, 하지만 내가 어렸을 때는 없었단다."

할아버지가 손자에게 따뜻한 목소리로 들려주는 놀랍고도 위대한 한 사람에 대한 이야기. 르 코르뷔지에는 까만 뿔테 안경을 쓰고 다양한 자를 겨드랑이에 낀 채 건축도면 같은 큰 종이를 유심히 들여다보며 등장한다. 그는 어디를 가든 늘 자를 들고 여행했으며, 사람의 몸에서 얻어낸 치수를 바탕으로 공간을 확장했다. 인체를 기초로 표준화·규격화한 '모듈로'라는 새로운 측정 단위를 찾아내기 위해 계단을 오르고 창문의 높이를 가늠하고 침대에 누워보는 등 생각과 행동을 한시도 멈추지 않는다.

밝은 빛과 주변의 아름다운 자연이 집 안으로 쑥 들어오는 집, 잘 정돈된 깨끗한 환경에서 보다 많은 사람들이 행복하게 살 수 있도록 하기 위해 늘 새로운 무엇인가를 찾아 떠난 젊은 건축가. 하지만 사람들은 산업 재료인 철근과 콘크리트를 건축 재료로 사용했다는 이유로 야만적이라며 그를 배척한다. 뭇사람들의 조롱에도 아랑곳하지 않고 르 코르뷔지에는 망망대해를 유람하는 여객선을 바라보며 보트처럼 생긴 건물을 꿈꾼다. 제2차 세계대전으로 집을 잃은 많은 사람이 모여 살 수 있는 집, 가게, 극장, 유치원, 세탁소 등 편의시설이 다 갖춰진 위니떼 다비타시옹은 세계 최초의 아파트로 실현되었다. 르 코르뷔지에는 철근과 콘크리트를 이용하여 건물이 신속하게 높아질 수 있는 방법을 찾아 적용하였으며, 기둥(필로티) 위에 집을 세움으로써 높은 곳에 있는 집도 테라스에 정원을 가꾸고 옥상에서 테니스를 치는 등 행복한 삶이 실현될 수 있게 했다. 도심의 원활한 소통을 위해 보행자와 차가 다니는 길을 따로 설계함으로써 멋진 도시를 탄생시켰다.

그림책의 첫 장면부터 르 코르뷔지에의 손은 줄곧 밖을 향하여 있다. 문서(도면)를 들여다볼 때도 새로운 정보, 창의적인 발상은 열린 손을 통해 그의 가슴과 머리로 들어왔으리라. 의자에 오랜 시간 앉아 고민하다가 번뜩이는 아이디어가 뇌리를 스칠 때면 그는 손을 힘껏 흔들며 "좋은 생각이 났어!"라고 소리친다. 좀처럼 이해하려 들지 않는 사람들을 설득할 때도, 사람 몸에 맞는 집을 짓기 위해 동분서주할 때도 그의 팔(손)은 항상 밖을 향해 있다. 그의 '열린 손'은 인도의 전통과 문화에 맞는 찬디가르 도시를 세웠고, 20세기 최고의 건축물로 손꼽히는 롱샹 성당을 설계했다. 그림책의 마지막 장을 가득 채우는 롱샹 성당은 르 코르뷔지에가 동방 여행에서 만났던 파르테논신전처럼 햇살 아래 푸른 언덕에 아름답게 서 있다. 그는 자신이 느낀 땅의 울림을 시각화하여 건물의 형태에 반영했다고 한다. 게딱지를 본뜬 지붕의 유려한 곡선은 성당을 찾는 순례자들의 지친 심신을 포근하게 감싸준다. 바다 수영을 즐기던 그는 해변에서 주워 온 돌과 조개껍데기 등을 늘 손에 쥐고 다니면서 자연 사물이 주는 울림을 자신만의 방식으로 건축물에 구현하기 위해 노력했다고 한다.

생애 내내 그림을 그리고 조각을 했으며 생각이 멈춘 적이 없었던 르 코르뷔지에. 그가 설계한 17개의 주요 건축물은 한꺼번에 세계문화유산으로 등재되었으며 이를 기념하는 특별전이 2016년 12월 서울 예술의전당 한가람디자인미술관에서 열렸다. 관람객들은 200여 점의 드로잉, 40여 점의 건축 도면, 30점 이상의 페인팅, 다양한 조각, 콜라주, 에나멜, 모형, 영상, 태피스트리 등을 통해 건축가로서의 르 코르뷔지에를 넘어 출중한 아티스트로서의 그와 만날 수 있었다. 특히 세계적인 건축 거장이 생애 말년에 직접 설계한

'4평 오두막' 재현 전시관을 찾은 관람객들은 가슴 먹먹한 감동에 발길을 멈추었다고 한다. 아내 이본느의 고향 모로코 인근 로크브륀 느카프마르탱의 작은 통나무집은 르 코르뷔지에가 사랑하는 그의 아내를 위해 1950년 여름 설계하고 지었다. 그들은 이 공간을 "작은 궁전"이라 부르며 대단히 만족스러워했다. 그곳은 책상과 침대, 변기 와 세면대 등 최소한의 것으로 채워졌으며, 그의 모듈로 이론이 적 용된 세계에서 가장 작은 세계문화유산이 되었다.

    이 책의 글을 쓴 프란신 부셰는 제네바 출생으로 출판 일을 했 으며, 미셸 코헨은 보석과 패션에 대한 책을 썼는데 건축에도 관심 이 많다고 한다. 그림을 그린 미셸 라비는 디자이너, 그래픽 디자이 너, 일러스트레이터로 왕성하게 활동했으며『르 코르뷔지에』는 그의 첫 그림책이다. 인물의 표정과 움직임, 시선에 따른 풍경과 사물의 변화를 색연필로 자유롭게 표현했다. 다양한 질감을 가진 선, 밀도 높은 색감이 글과 이미지를 리듬감 있게 이어준다. 가볍게 스치는 듯한 경쾌한 움직임과 검정색 테두리로 강렬한 느낌을 동시에 구사함으로써 이야기를 이끌어가는 화자와 중심인물의 존재감을 선명하게 드러낸다.

사람을 위한 건축을 꿈꾸고 이 땅 위에 실현한 사람, 아무도 가보지 못한 세상을 향해 쉼 없이 걸어간 사람, "젊은 상태에 머무는 것이 아니라 어제보다 더 젊어져 갈 것"을 꿈꾼 그는 또 하나의 깊은 울림으로 지금의 우리를 향해 말을 걸어온다.

함께 읽어요!

『르코르뷔지에』 신승철 지음 | 아르테

"건축을 시로 만든 예술가"라는 부제가 붙은 책이다. 현대 건축의 거장 르 코르뷔지에의 삶과 예술, 건축을 향한 발자취를 따라 생동감 있는 기록사진과 인터뷰, 현장답사로 구성되어 읽는 즐거움이 쏠쏠하다.

『건축을 향하여』 르 코르뷔지에 지음 | 이관석 옮김 | 동녘

르 코르뷔지에의 건축 이론서. 크고 삭은 스케치와 단면도, 거대한 프로젝트의 배치도, 사진 등이 뤼 코르뷔지에의 상세한 설명과 함께 담겨 있다. 그는 이 책을 통해 오늘날까지 지켜지는 "새로운 건축의 5형식"을 제창했다.

함께 즐겨요!

행복으로 가는
그림책방에 머물다

| 김명희 · 변영이

    오래된 책이 주는 따뜻한 정감, 갓 구운 빵처럼 따끈따끈한 신간이 한데 어우러져 내뿜는 향기에 마음껏 취하고 싶은 날, 그림책과 사람이 있는 그림책방으로 발길을 돌려보자. 위로와 치유, 넘어진 곳에서 다시 일어설 힘을 주는 그림책에는 우리의 내면아이가 살고 있다. 추억의 공간에 남아 있는 어린 시절의 희미한 기억, 해 질 녘 걸었던 골목길, 밥 짓는 냄새, 겨울날 누군가 뿌려놓은 연탄재를 밟으며 가슴이 따뜻하던 순간, 까닭 없이 밀려드는 설움과 외로움, 불현듯 그리워지는 엄마…. 이런 날에는 가만가만 그림책방으로 발걸음을 옮겨보자.

우리 그림책의 새 문을 연
초방

한국 최초 어린이 전문서점 초방이 서울 대신동에 문을 연 날은 1990년 12월 크리스마스이다. 쌍둥이 딸 '초롱이'와 '방실이'에서 첫 글자를 딴 초방은 거실 한 켠 작은 책상에서 시작했다. 신경숙 대표는 두 딸의 엄마가 된 후 남편과 미국에서 2년간 생활하며 그림책 세계를 접하게 되었고 어린이와 함께 누리는 책방을 열었다. 초방이 지핀 불로 전국에 어린이서점이 생겨나고 어린이책 출판시장이 호황을 누렸다. 2000년대 들어서면서 많던 어린이서점과 동네책방이 하나둘 자취를 감추는 와중에도 초방은 자리를 지켰다.

초방은 책방 역할만 한 것이 아니다. 전시장이나 갤러리카페가 되기도 하고 작가들의 모임 장소나 워크숍 공간이 되기도 했다. 우리 창작 그림책이 드물던 1993년, 초방은 『까막나라에서 온 삽사리』(정승각, 1994)를 시작으로 『솔이의 추석 이야기』(이억배, 1995), 『만희네 집』(권윤덕, 1995), 『가족 123』(정상경, 1999) 등을 기획하여 우리 그림책의 새 문을 열었다. 2003년부터는 '초방책방'이라는 출판사도 겸하고 있다. 『경복궁』(이승원, 2004), 『새색시』(박현정, 2004), 『봉산탈사자춤』(유승정, 2007), 『빨간꽃 초록잎』(탁혜정, 2007), 『한조각 두조각 세조각』(김혜환, 1999) 등 우리 고유의 색감, 조형미, 선의 아름다움을

한껏 담아낸 작품들이 유난히 많다.

또한 신경숙 대표는 1991년부터 20여 년간 볼로냐를 오가면서 국제 그림책 시장에 한국 그림책이 발을 들일 수 있는 초석을 놓고 길을 닦았다. 2005년 한국인 최초로 볼로냐아동도서전 일러스트레이션 심사위원을 맡기도 할 만큼 이 일에 혼신의 힘을 기울였다.

2020년 11월, 신경숙 대표가 지병으로 우리 곁을 떠났다. 초방을 기억하고 사랑하는 모든 이들은 큰 슬픔에 잠겼다. 코로나19 팬데믹 상황이어서 장례는 조용히 치렀지만, 2021년 11월 초방 30주년과 신경숙 대표의 1주기를 겸하여 남편과 두 딸이 그간의 발자취를 담아 〈초방기억 展전〉을 열어 그를 기념했다. 곳곳에 스민 추억, 기쁨, 눈물과 땀의 결실, 볼로냐의 흔적, 오두막연구소, 두 딸이 사용했던 작은 책상과 의자, 신경숙 대표의 손때가 묻은 소품과 인형들이 그간의 발자취를 여실히 보여줬다.

♀ 서울시 서대문구 연대동문길 63　⊙ 13:00~17:00(수·토요일 운영)

외계인과 책 읽어주는 마법사가 사는
계룡문고

엄마와 책방에 들어섰던 아이들이 엄마 손을 놓고 웬 아저씨를 따라다니며 짓궂게 "까까 똥꼬"를 복창한다. 자칭 "외계인 아저씨" 이동선 대표는 그림책을 들고 다니면서 아이들 눈높이에 맞춰 자세를 낮추고 책을 맛나게 읽어준다. 우연인 듯 다가가서 그림책 보따리를 슬그머니 풀어놓으면 어느새 주변에 아이들이 와르르 몰려들어 이야기판이 벌어지곤 한다. "이야기 마법사" 현민원 이사가 마법사로 분장하고, 그림책 이미지를 커다란 스크린에 띄운 채 그림책을 읽어주기 시작하면 마법에 걸린 아이들은 순식간에 이야기 마당에 모여들어 귀를 기울인다. 분위기를 한껏 무르익게 하는 영상과 음악, 마법사의 목소리가 한데 어우러져 아이들은 '책섬'에 갇히고 만다.

계룡문고는 자타가 공인하는 '대전 시민의 바깥 서재'이다. 유난히 문턱이 낮아 아이들과 엄마들이 언제든 찾아와 시골집 마루처럼 편안한 공간에서 책을 맘껏 읽을 수 있다. 상설 전시 코너에서는 다양한 주제의 그림책과 원화 전시, 프로젝트 소산물을 만날 수 있다. 서점 한 켠에 마련된 '종이약국'에는 마음이 아픈 사람들을 위한 처방전과 그에 맞는 책들이 가지런히 꽂혀 있다. 누가 어디에서 부르든 책이 필요한 곳이라면 묻지도 따지지도 않고 한달음에 달려가 그림책을 읽어주고 책 친구가 되어주는 외계인과 이야기 마법사. 그들이 있어 계룡문고는 오늘도 존재의 의미를 갖는다.

◉ 대전시 중구 선화동 226   ◉ 10:00~20:30

어린 날의 꿈을 찾아 가는
그림책꽃밭과 오래된 미래

당진의 명품 책방 **그림책꽃밭**은 그림책을 전문으로 한다. 마당에는 예쁜 꽃이, 책방에는 7천여 권의 국내외 그림책이 1, 2층 벽면을 가득 채운 채 손님들을 반갑게 맞이한다. 1층 중앙에는 벽난로

와 소파를 놓아 내 집처럼 편안하고 쾌적한 공간에서 그림책을 살펴볼 수 있게 하고, 2층은 자유롭게 앉거나 누워 책방지기가 소장한 그림책을 맘껏 여행할 수 있도록 배려했다. 이곳에서는 그림책을 판매하는 일뿐 아니라 작가와의 만남, 야외음악회, 책 만들기, 아이들과 그림책의 만남 등 크고 작은 그림책 행사와 책모임이 연중 진행된다. 서점 바로 옆에는 하룻밤 묵으면서 책을 읽을 수 있는 북스테이 '팔각집'도 마련되어 있다.

  서점지기 김미자 작가는 도시에서 20여 년간 어린이도서연구회, 그림책 카페, 오류동 흥부네 그림책 도서관 관장 등 그림책 관련 일을 하다 2019년 가을 남편 '그래그래'와 이곳으로 내려와 그림책과 시골살이를 아우르는 삶을 시작했다. '감자꽃(김미자 작가의 애칭)'은 오늘도 책방을 찾는 아이들에게 가만히 다가가 구수한 이야기 한 자락을 펼쳐 읽어준다. 어른도 원하기만 하면 구성지고 맛깔스럽게 뚝딱 한 권의 그림책을 읽어준다. 어릴 적 그 골목길에서 아빠와 함께 가꾸던 꽃밭 앞에 앉고 싶은 날, 당진 시골 마을의 그림책꽃밭으로 여행을 떠나보는 건 어떨까.

📍 충남 당진시 송악읍 계치길 143-12   🕐 11:00~18:00(월·화요일 휴무)

　때로는 한 권의 책이 한 사람의 일생을 흔들어놓는다. 『나무를 심은 사람』 속 양치기 '부피에'의 모습을 보며 소망을 얻고 작은 시골 마을에 꿈을 심은 사람, 지은숙 대표는 2019년 1월 당진 면천에 **오래된 미래**라는 이름으로 책방 문을 열었다.

　일본풍의 허름한 2층 기와집은 오래전 자전거포가 있던 건물로 지은 지 60여 년이 되었다. 오래된 서까래와 낡은 타자기, 옛날 교과서가 있는 내부 풍경은 책방을 찾는 이들에게 어린 날의 추억을 선물한다.

　책방에는 책방지기가 잘 읽은 책, 함께 읽고 싶은 책, 책방 손

님이 추천하는 책, 나눔을 위해 내놓은 헌책 들이 빼곡히 꽂혀 있다. 그림책 코너에는 책을 보러 오는 엄마와 아이들에게 맞춤한 책, 어른들이 읽으면 마음이 따뜻해지는 책, 막 출간된 따끈따끈한 책들이 눈길을 사로잡는다.

2층은 독서 동아리와 워크숍 활동을 하기에 좋다. 네댓이 둘러앉아 얘기 나눌 수 있는 탁자들과 향수를 불러일으키는 빛바랜 만화책과 동화책 들이 사방을 두르고 있다. 또 하룻밤 묵으며 맘껏 뒹굴 수 있는 작은 골방도 있고, 옥상으로 나가 그네에 앉으면 면천읍성이 한눈에 들어온다. 130년 된 교회, 칼국수 맛집, 정감 있는 골목길, 옹기종기 둘러앉은 낮은 집들을 한눈에 볼 수 있는 것도 이 책방만의 매력이다.

📍 충남 당진시 면천면 동문 1길 6   🕐 11:00~19:00(월요일 휴무)

지역에 온기를 불어넣고 사람을 연결하는
동네책방

언제부터인가 동네책방은 지역 문화의 구심체 역할을 하고 있다. 주민들은 삼삼오오 짝을 지어 이곳에서 책모임을 하는가 하면, 책방지기는 찾아오는 한 사람 한 사람과 깊이 얘기 나누며 그들에게 맞는 책을 골라준다. 참고서와 문제집만 수북하던 예전의 서점이 아니다. 주민이 서로를 만나고 삶을 나누는 곳으로 변모하고 있다. 함께 문화 행사를 기획하기도 하고 여행자들의 쉼터 역할도 한다.

원도심을 살리는 주민사랑방 **지상의 양식**이 그런 책방이다. 마을 주민들의 사랑방, 여행자들의 즐거운 라운지 역할을 하는 이 책방은 충남 서산의 문인, 아티스트 들이 즐겨 찾는 곳이며, 연중 독서 문화행사와 작은 음악회 등이 열리고, 다양한 독서모임 활동이 이뤄지는 복합문화공간이다.

📍 충남 서산시 번화3길 8   🕐 10:00~22:00

친근하고 만만한 마을 사랑방 **행복한책방** 역시 그렇다. 고양시 일산서구 주택가 주민들은 행복한책방을 "친구 같은 곳", "우리 동네에 책방이 없다는 건 상상할 수 없는 일"이라고 말한다. '행복한아침독서' 이사장이자 책방지기인 한상수는 "제가 만들려는 책방은 전국 어디서든 만날 수 있고 누구나 만만하게 다가올 수 있는 문턱 낮은 마을 사랑방"이라고 힘주어 말한다.

📍 경기도 고양시 일산서구 일산로 741번길 13   🕐 13:00~20:00(일·월요일, 공휴일 휴무)

추억으로 가는 길, 아날로그 책방 **심다**는 순천역 근처에 주택을 리모델링해서 열었다. 신발을 벗고 마루에 올라서면 책방지기가 정성껏 큐레이션한 책들이 말을 걸어온다. 책방 한쪽 코너에는 그림책이 가득한데 독립출판도 겸하고 있다. 순천만 국가정원과 습지 절경, 낙안읍성에서의 하룻밤도 매력적이다.

◎ 전남 순천시 조곡동 151-38   ◎ 10:00~18:00(화·수요일 휴무)

숲과 정원을 품고 있는 책방, 또 하나의 그림책 **터득골 북샵**도 빼놓을 수 없다. 강원도 원주 산골에 있다. 10년 이상 공들여 가꾼 집을 개조해 만든 책방으로 북스테이, 공연장, 카페를 겸하고 있다. 지역 연계 활동을 꾸준히 해왔으며 동네 문화 살롱 역할을 하고 있다. 그림책『오냐나무』(이효담 글, 강혜숙 그림, 2016)와 연계한 자기 성찰 프로그램도 만날 수 있다.

◎ 강원도 원주시 흥업면 대안로 511-42   ◎ 11:00~18:00(월요일 휴무)

자신만의 개성이 빛나는

작은책방

요즘의 책방은 우리에게 숨바꼭질을 하자는 듯 자신만의 빛깔과 향기를 지닌 채 숨어 있는 경우가 많다. 이 책방들을 찾아 떠나는 여행은 유독 맛스럽고 개성지다.

어른을 위한 그림책방 카모메에 가면 독서치료, 상담심리, 타로를 공부한 책방지기가 큐레이션한 그림책을 만날 수 있다. '그림책톡&타로톡', '그림책 선물 꾸러미', '그림책 낭독모임' 등 다채로운 프로그램이 진행 중이다. 새로 들인 그림책이 많아 한참을 머물게 된다.

◉ 서울시 성동구 무수막길 84   ⓢ 11:00~18:00(일·월요일 휴무)

비-플랫폼에서는 해외에서 들여온 아티스트 북, 색깔이 분명한 작가주의 그림책을 접할 수 있다. 독립출판, 내러티브, 판화, 북바인딩 등 다양한 워크숍도 진행한다. LAB 아티스트를 모집해 선정된 작가에게는 창작, 전시, 출판의 기회까지 제공하고 있다.

◉ 서울시 마포구 독막로 2길 22   ⓢ 13:00~20:00(월요일 휴무)

휴식과 독서를 지향하는 산책하는 고래는 '고래이야기' 출판사에서 가정식 예약제 책방으로 운영하고 있다. 경기도 양평의 전원주택 1층에 자리한 이곳은 두 시간 동안 한 팀만 머물 수 있다. 이용료가 있으며 1인 1책 구매는 필수다. 외부의 방해 요인 없이 단일 팀으로 책모임, 세미나, 워크숍을 하기에 좋다.

📍 경기도 양평군 용문면 조현리448-19   🕐 12:00~18:00(방문 예약 필수)

    제주 그림책 카페 **노란우산**은 어린이부터 어른까지 다양한 연령층에 맞는 그림책을 전시, 판매한다. 원화 전시, 강연회, 독서 모임을 진행하고 있으며, 서점 겸 카페로 커피와 수제차, 감귤 주스 등을 판매한다. 서광점과 광령점 두 곳을 부부가 운영하고 있는데 광령점 책방지기 이진은 그림책 『엄마의 섬』(한병호 그림, 2020) 글작가이기도 하다.

📍 제주시 애월읍 하광로 515(광령점) | 제주도 서귀포시 안덕면 녹차분재로32(서광점)

🕐 09:00~19:00(일요일 휴무)

내 인생의 선물 같은 그림책을 만날 수 있는 **그림책방 dear**는 부산 해운대구에 있는 해외 그림책 전문서점이다. 미국, 캐나다, 영국 그림책이 대부분이며, 프랑스, 독일 그림책도 갖추었다. 원작 고유의 아름다움과 특성을 선호하는 마니아층이 형성되어 사전 주문받은 책을 들이고 있다. 그림책과 여행책 만들기 워크숍도 진행 중이다.

◉ 부산 해운대구 좌동순환로 275 상가 2층   ◉ 14:00~20:00(금~일요일 운영)

그림책으로 행복을 전하는 **이루리북스**는 전문가들이 엄선한 작품을 만날 수 있으며 브런치 카페를 겸하고 있다. 그림책 학교와 그림책 활동가 양성 과정, 다양한 그림책 강좌를 운영하며 공간 대관도 가능하다.

◉ 서울 마포구 독막로 320 태영데시앙루브 B105호
◉ 10:00~19:00(공휴일 휴무)

문화체육관광부가 2022년 1월에 발표한 자료에 의하면 한국 성인의 52.5퍼센트는 1년에 한 권의 책도 읽지 않는다고 한다. 이 같은 독서의 사막화 현상 속에서도 그림책은 본연의 힘을 잃지 않고 책방지기들의 열정과 꾸준함에 기대어 독자들에게 말을 걸어온다. 그 말 걸기에 우리는 어떻게 응답해야 할까? 답은 독자의 몫으로 남긴다.

3장

돌아보면
그리움인 것을

때때로 한 마리의 새가 울든가

한 가닥의 바람이 가지를 스칠 때

또는 먼 농가에서 개가 짖을 때

나는 오랫동안 가만히 귀 기울인다.

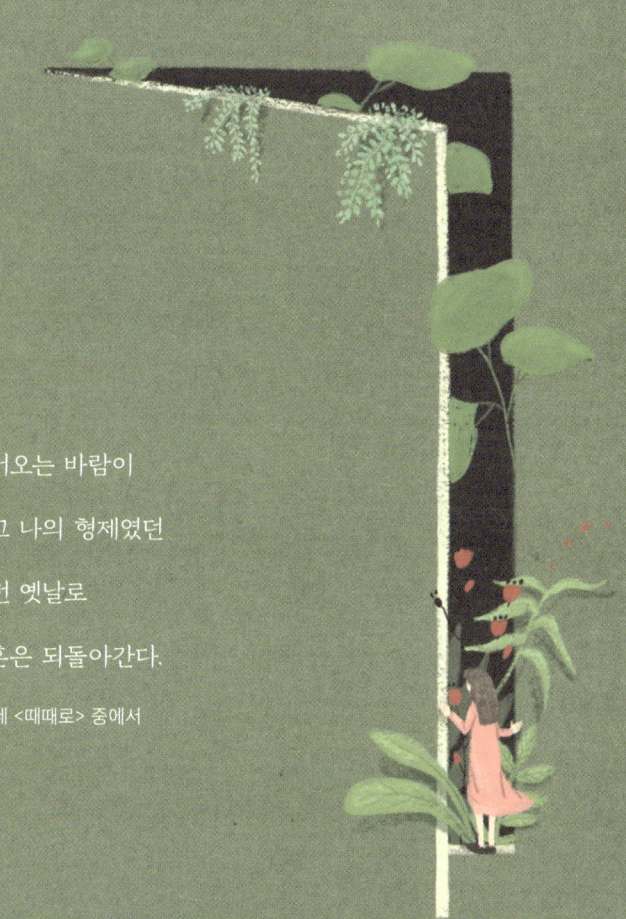

해와 불어오는 바람이

나를 닮고 나의 형제였던

아득히 먼 옛날로

나의 영혼은 되돌아간다.

- 헤르만 헤세 <때때로> 중에서

『동전 하나로도 행복했던
구멍가게의 날들』

이미경 지음 | 남해의봄날

유년 시절의
즐거운 기억

| 배수경

　작가 이미경은 1997년 '퇴촌 관음리 가게'와의 인연을 시작으로 오랫동안 한자리를 지키고 살아온 구멍가게를 20년째 찾아다니며 그리고 있다. 이 책에는 유년시절 가장 즐거운 기억이 숨어 있는 곳, 그 시절 아이들의 놀이터 '구멍가게' 이야기가 담겨 있다. 지나간 시간의 풍성한 기억은 우리의 삶을 다채롭고 의미 있게 만든다. 작가의 어린 시절, 오토바이 한 대에 온 가족이 타고 개울로 나들이를 갈 땐 솥단지 하나면 충분했다. 개울에서 물고기를 잡고 놀다가 먹는 엄마가 만든 고추장 푼 어죽과 손질한 생선회는 꿀맛이었다. 반짇고리에 담긴 예쁜 실꾸리는 이도 뽑아주고 손도 따주며 함께한 손끝 여문 외할머니와 엄마를 닮아가며 화가의 꿈을 키워주었다. 머리에 이가 옮아도 다리를 난롯불에 데어도 맛있는 달고나와

동전 하나의 행복, 세상에서 제일 부러운 슈퍼 집 딸 은정이와의 비밀, 우물과 펌프가 자리한 마당 있는 집에서의 시간, 친구들과 함께 했던 사랑방살이, "그냥 그대로 살라" 하셨던 아버지의 이름에 얽힌 이야기까지 작가의 어린 시절 추억은 깊다. 구멍가게와의 인연이 시작된 '퇴촌 관음리 가게' 뒤의 초록이 넘치는 산을 배경으로 나란히 자리한 버스정류장은 너무나 정겹다.

　세상의 소음을 삼켜버린 깊은 고요 속 1월의 점방은 연탄난로 위 보리차의 온기로 마음을 채워준다. 눈이 펑펑 내리는 가곡리와 하얀 눈이 뒤덮은 '구억리 가게'는 고즈넉하다. 역전평리에 있는 아내 이름을 딴 '옥기상회'는 낮과 밤의 두 가지 정취를 담아낸다. 염리동 언덕에 자리한 '충남상회'는 쌀집을 겸하고, 40년 넘게 할머니가 지키고 있는 서해의 '도담상회'에는 문구와 장난감, 군것질거리가 가득하다. 마을 어귀 느티나무 아래 평상은 함께 앉고 나누는, 사람과 사람을 이어주는 자리다. 가게 앞에 하나씩 있는 평상은 기다림과 배웅, 위로와 놀이, 따뜻한 기억의 장소이다. 축령산 입구나 서산에서도, 어둠이 내린 바깥에서 바라본 불 켜진 '등나무수퍼'에서도 온기가 느껴진다. 블로그에서 보고 찾아간 제주의 '와흘상회'는 그새 간판을 내려 독자의 마음마저 서글프게 한다. 하지만 이내 책장을 넘기면 태백, 정선의 단풍 향연이 우리에게 눈 호강을 선사하느라 바쁘다. 괴산을 지나 연풍마을 감나무 가게 앞 장독대 위에 늘어놓은 줄에서는 빨래가 한가로이 마른다. 고향 집 감나무에는 감이 주렁주렁 풍년이고, 구멍가게 감나무에는 그리움이 한껏 열렸다. 향수와 가치를 전하고자 하는 작가의 의도가 응축된 해남의 가게, 만경강의 '용암상회'는 쓸쓸해 보인다.

구멍가게 그림에는 나무를 꼭 함께 그린다. 가게 곁에 늘 서 있는 동백나무, 자목련, 백목련, 벚나무, 매화나무, 산수유나무, 감나무, 대추나무, 소나무, 명자나무, 향나무, 버드나무 등…. 계절에 따라 봄에는 꽃을 여름에는 푸른 잎사귀를 가을에는 단풍을 선물하며 묵묵히 버팀목이 되어준다. 지붕 또한 지역에 따라 구조와 모양, 재료가 서로 다르다. 슬레이트, 함석, 시멘트 등의 재료와 맞배지붕, 팔작지붕, 우진각지붕 모양 등이다. 슬레이트는 값싸고 가벼워 각광받다가 인체에 유해해 사용이 중단됐고, 전통 기와지붕은 견고하지만 비용이 많이 들어 시멘트 기와로 바뀌어갔다. 시대를 반영하는 건축, 삶의 터전인 집과 공간을 낡았다고 부순다면 우리의 과거와 추억도 사라질 것이다. 무분별한 개발보다는 복원과 보존으로 소중한 가치와 맥을 지켜야 한다. 슥슥 사각사각 종이 위에 내긋는 펜 선처럼 시간은 흐른다. 어렵게 수집한 자료를 잃기도 한 작가는 "얻었다고 하나 본래 있었던 것이고, 잃었다고 하나 원래 없었던 것이다"라는 글을 보고 마음을 내려놓는다. 자주색 양철지붕의 '만세상회', 60년 동안 주인도 손님도 바뀌고 세상도 변했지만 건재한 '해룡

상회', 주인의 향기가 묻어나는 손글씨 간판의 점방들과 간판조차 없는 가게도 있다. 다시 찾았을 때 사라져버린 가게들은 안타깝기 그지없다. 구멍가게를 찾아 헤매면서 낯선 골목, 그 시간의 향기, 바람, 풍경, 수많은 가게와 책방지기 어르신의 얼굴이 떠오르며 지난날의 그리움, 고향 생각, 동심 등 향수를 품게 한다. 한 가지 일을 오랫동안 지켜온 삶에서는 따라할 수 없는 감동과 연륜이 느껴진다.

    이 책을 읽고 나니 소중한 그림이 가득한 전시회에 다녀온 기분이고, 추억이 담긴 앨범을 본 것 같기도 하고, 함께 여행을 다녀온 느낌도 들고, 사연을 소개하는 라디오 프로그램을 청취한 것도 같고, 다큐멘터리 영화 한 편을 본 듯도 하다. 똑같은 형태의 편의점과 대형마트와는 다른 제각각 모양의 점방, 그 옆에 자리한 우체통, 의자, 평상, 공중전화, 커피자판기, 화분, 자전거, 장독대, 아이스크림 냉동고, 빗자루, 나무, 버스정류장 등의 풍경을 감상하는 재미 또한 쏠쏠하다. 한 땀 한 땀 그린 작가의 정성과 직접 찾아가 보고 느낀 것을 고스란히 담아내려는 수고가 합쳐져 우리는 책장을 쉽게 넘기지 못하고 오래오래 들여다본다. 사진보다 더 세밀한 펜의 선과 색은 실로 감탄스럽다. 구멍가게에는 유년시절의 추억도, 시대의 흐름에 따른 삶의 이야기도, 계절에 따라 변하는 자연의 얼굴도, 슬픈 역사의 한 장면도 고스란히 녹아 있다. 무엇보다 다양한 경험과 풍요 속에서도 지켜야 하는 소중한 가치를 간과해서는 안 된다는 깊은 울림을 준다. 잊고 지냈던 어린 시절의 추억과 동무들, 덤까지 주시던 구멍가게 주인 할아버지의 후한 인심이 새삼 떠오르면 고향의 가게로 달려갈지도 모를 일이다. 담벼락에 얼굴을 묻고 "꼭꼭 숨어라, 머리카락 보일라"를 외치며 말이다.

함께 읽어요!

『구멍가게, 오늘도 문 열었습니다』 이미경 지음 | 남해의봄날

오늘도 문 연 가게를 다시 찾아 나선 작가의 더 깊어진 글과 새로 그린 그림으로 구멍가게와 그 주인의 이야기를 담아냈다. 묵묵히 자신의 자리를 지키며 살아가는 사람들의 '오늘' 이야기 속 구멍가게를 생생하게 담아낸다.

『사라지는 것들』 베아트리체 알레마냐 지음 | 김윤진 옮김 | 비룡소

살다 보면 많은 것이 사라진다. 변하기도 하고 지나가버리기도 한다. 그러나 변하지 않는 단 한 가지가 있다면?

『우리가 글을 몰랐지 인생을 몰랐나』 권정자 외 지음 | 남해의봄날

뒤늦게 글을 익히고 그림을 배운 순천의 할머니 스무 분이 하루하루 힘들게 살아온 인생을 그림일기에 담았다. 웃음과 눈물이 담긴 글과 그림을 모은, 슬프고도 빛나는 아름다운 이야기이다.

『조개맨들』

신혜은 글 | 조은영 그림 | 시공주니어

조개맨들도 부시미 산도 그대로인데…

| 오현아

　팔을 힘차게 저으며 들판을 신나게 달리는 아이가 있다. 파란 하늘에 흰 구름이 흘러가는 어느 맑은 여름날, 깡총한 단발머리가 휘날리도록 달리는 한 아이가 보인다. 날듯이 씩씩하게 뛰어가는 아이의 모습 뒤에 손으로 쓴 듯한 책 제목이 선명하다. "조개맨들". 처음 들어보는 말이다. 조개를 좋아하는 남자아이들 이야기인가? 아니면 맨들맨들한 조개밭? 그림책 표지만으로는 어떤 이야기가 펼쳐질지 알 수 없다. 제목인 "조개맨들"도 궁금하고, 신나게 달리는 이 아이도 궁금하다. 표지를 펼치고 내지를 보면 짙은 초록빛 언덕과 파란 하늘, 흰 구름이 시원하게 보이는데, 초록 들판 끝에 한 소녀가 우뚝 서 있다. 점점 더 이 책이 궁금해진다.

조개맨들은 강화군 교동면 대룡리 흔다리 서쪽에 있는 들로, 조개껍데기가 많은 곳이라 붙여진 이름이다.

그림책의 첫 장면에는 궁금증을 풀어주는 조개맨들에 대한 설명과 이야기의 배경이 되는 파란 바다 위 작은 섬마을 그림이 있다. 강화도 교동면 대룡리 173번지, 주인공 영재는 아빠가 손수 지은 집에서 아빠와 엄마, 그리고 이제 막 태어난 동생과 함께 행복하게 살았다.

영재 집에서 한 시간쯤 걸어가면 조개맨들이 있다. 그곳에는 아빠가 만든 참외밭이 있고, 아빠와 산책하던 붓꽃 길도 있고, 바다를 둥둥 떠서 들어왔다는 동그마한 부시미 산도 있다. 영재의 아빠는 시계를 잘 고치는 기술자이고, 영재가 매달려도 끄떡없고, 여름에는 밤나무 가지를 깎아 신발을 만들어주고 겨울에는 눈사람을 만들어주는 한없이 멋지고 자상한 아빠이다. 영재는 이웃에 사는 유리꼬와 화자랑 노는 것도 재밌고, 학교에 가는 것도 설레고 좋았다. 하지만….

평화롭고 행복했던 영재의 일상은 1950년 한국전쟁으로 산산이 부서진다. 전쟁은 피난민들을 끊임없이 내려보냈고, 아빠와 이모부, 외할아버지를 잡아갔고, 할머니의 명주실도 다 빼앗아 갔다. 전쟁이 끝나고 이모부는 돌아왔지만, 아빠는 아무리 기다려도 돌아오지 못했다. 아빠가 좋아하는 찹쌀 고두밥과 김장 배춧속을 해놓고 매일매일 기다려도 오지 않았다.

아빠 없이 조개맨들에 갔다.
부시미 산도, 조개껍데기들도 그대로인데.

한국전쟁은 영재의 삶에서 많은 것을 빼앗아 갔다. 다정한 아빠, 단란했던 가족, 그리고 당연히 더 누려야 했던 영재의 어린 시절을 가져가버렸다. 이 작품에서 영재의 이야기는 한국전쟁 이전과 이후로 나뉜다. 앞의 이야기가 고향 교동도에서 아빠와의 추억과 영재의 행복한 일상을 보여줬다면, 이후 이야기는 전쟁으로 인한 상실과 이별, 아빠에 대한 짙은 그리움을 안고 살아야 하는 영재를 보여준다. 전쟁은 어린아이들에게도 깊고 아픈 상처를 남겼다. 전쟁으로 아이들은 영문도 모른 채 집을 잃고 부모를 잃고 감당하기 어려운 삶의 무게를 지게 되었다. 천진한 어린아이였던 영재는 전쟁 이후로 추억을 간직한 채 슬픔을 견디며 새로운 삶으로 나아가야 하는 소녀가 되었다.

『조개맨들』은 시적인 글과 과감하고 에너지 가득한 그림의 조화가 돋보이는 작품이다. 글작가 신혜은은 황영자 할머니의 어린 시절 추억과 경험을 차근차근 일기처럼 시처럼 주인공 영재가 말하는 듯 생생하게 담아냈다.

그림작가 조은영은 감정을 나타내는 강렬한 색채, 에너지 가득한 붓 터치, 절제된 조형으로 과거의 시공간을 독자의 눈앞으로 생생하게 끌어다 놓았다. 교동도의 섬과 들판과 하늘 등 자연물에는 초록색과 파란색을 사용하여 맑고 평화로운 일상을 표현하고, 주인공 영재의 행복한 마음에는 노란색, 빨간색, 주황색 등 따뜻하고 선명한 색깔을 사용하여 생기 넘치는 어린 영재의 마음을 나타냈다. 주인공 영재의 일상은 그래서 알록달록하고 선명하다. 하지만 행복하고 평화로운 장면에서 쓰였던 색들은 한국전쟁 장면을 기점으로 크게 바뀐다. 커다란 포탄이 떨어지는 장면에서는 빨강과 파랑의 강렬한 색 대비로 갑작스럽게 터진 전쟁의 충격을 글 없이 설명하며 더욱 생생하게 전쟁의 한복판으로 독자를 끌어다 놓는다. 이후 전쟁으로 암울하고 슬퍼진 주인공의 기억들은 대부분 모노톤의 선으로 그려서 주인공이 처한 슬픔을 더욱 깊어 보이게 하였고, 아빠 없이 간 조개맨들 장면에서는 여백을 크게 두어서 돌아오지 않는 아빠를 그리워하는 영재의 아프고 쓸쓸한 마음이 느껴지게 했다.

『조개맨들』은 황영자 할머니의 어린 시절 이야기를 며느리가 다듬어 쓴 "할머니 이야기" 그림책이다. 1942년에 태어난 황영자 할머니는 가족과 함께 아빠가 손수 지은 교동도 집에서 살았고, 3학년 때까지 교동국민학교(현 교동초등학교)에 다녔다고 한다. 할머니의 어린 시절 추억이 가득 스민 고향은 강화섬 옆 교동도이고, 책의 제목인 "조개맨들"은 할머니의 고향인 교동도의 바닷가 들판으로 조개껍데기가 하얗게 덮여 있어 붙여진 이름이다. 황영자 할머니는 고향 마을에서 행복한 어린 시절을 보냈지만, 한국전쟁으로 하루아침에 달라져버린 세상을 살아가야 했다. 이 이야기는 1949년부터 1953년까지 어린 시절 경험을 바탕으로 만들어져 생생함을 그대로 전달한다. 주인공 영재를 통해 해방 이후 희망과 혼란, 아픔이 뒤섞인 격동의 시간을 보여줌으로써 평범한 사람들의 삶, 특히 아이의 삶에 전쟁이 얼마나 큰 상흔을 남기는지 알게 한다.

6월에는 주인공 영재를 만나러 강화도 교동면 대룡리로 가보면 어떨까? 조개맨들과 부시미 산 그리고 영재가 다녔던 교동국민학교가 그곳에 있으니까.

함께 읽어요!

『로켓보이』 조아라 지음 | 한솔수북

한국전쟁이라는 극한 상황을 연필로만 그려 참혹함과 공허함을 탁월하게 표현했으며 여백에서 희망을 찾아보게 되는 수작이다. 글자 하나 없지만 보는 이들의 관점에 따라 수많은 이야기가 펼쳐진다.

『아빠를 위해 죽은 생쥐』 마욜라인 호프 지음 | 김영진 옮김 | 시공주니어

환자들을 치료하기 위해 전쟁터로 떠난 아빠가 살아 돌아오길 바라는 주인공 소녀의 엉뚱한 상상력이 빚어내는 가슴 먹먹한 이야기로 아빠를 걱정하는 어린아이의 심리가 돋보이는 동화다.

『아빠가 덤불이 되었을 때』 요커 판 레이우엔 지음 | 김영진 옮김 | 시공주니어

전쟁으로 제빵사 아빠가 덤불로 위장하는 군인이 되었을 때, 주인공 소녀는 사진으로만 알고 있는 엄마를 만나기 위해 국경을 넘는 험난한 여정을 하게 된다. 어린 주인공의 시점으로 바라본 전쟁과 난민에 관한 이야기이다.

『고만녜』

문영미 글 | 김진화 그림 | 보림

백 년 전 북간도 이야기
한 자락 들어볼래요?

| 변영이

"당신의 기억을 들려주세요. 당신의 목소리가 서울의 역사가 됩니다." 기억수집가들이 녹음기를 들고 직접 시민들을 찾아가 서울 사람들의 삶을 주제로 이야기를 모았다. '메모리[人]서울프로젝트'는 이렇게 수집된 이야기로 전시, 공연, 팟캐스트 등 다채로운 문화예술 콘텐츠를 진행했다. 다양한 세대가 함께 듣고 공유하면서 무심히 흘려보냈던 기억을 역사로 재발견한 계기가 되었다고 한다.

또 하나의 역사가 된 목소리, 예술이 된 이야기가 있다. 삶이 고스란히 담긴 보통 사람의 역사, 백 년 전 북간도 이야기 한 자락 들어보자.

북간도가 그리울 때면 할머니는 늘 이렇게 이야기를 시작했어.

"거긴 정말 추웠지. 얼마나 추웠냐 하면 사내아이가 밖에서 오줌을 누면 오줌 줄기가 그대로 얼어 버릴 정도였지."

그림책『고만녜』는 '고만녜 김신묵'과 '남편 기린갑이 문재린'의 회고록『기린갑이와 고만녜의 꿈』(2006)을 토대로 한다. 구한말 함경북도 변방에서 태어나 북간도로 넘어간 뒤 해방 후까지 치열했던 이들의 삶이 담겨 있다. 이 책은 처음 두 사람의 회고록을 제안했던 맏아들 문익환 목사의 별세로 미완성작으로 남아 있었다. 그러다 김신묵 여사가 소천할 때 보였던 초인적인 모습에 감동받은 손녀(문영미, 문영금)들이 그 힘의 원천을 찾고 싶다는 바람으로 작업을 시작한 지 3년여 만에 세상에 나왔다. 회고록, 노트와 일기, 여행기, 편지, 기고문과 구술 테이프, 사진 등 작은 것 하나까지 소중히 보존한 두 사람의 며느리 박용길의 정성이 없었다면 이 책은 세상의 빛을 보지 못했을 거라고 한다. 손녀 문영미는『고만녜』가 "가족사를 넘어선 가족사, 조각보를 만들 듯 한 땀 한 땀 이어가는 작업 끝에 나왔다"고 전한다. 특히 책 속 기록은 영화〈북간도의 십자가〉의 주요 자료로 활용되는 등 역사적인 가치를 인정받고 있다.

『고만녜』는 백 년 전 북간도에 살았던 김신묵 여사를 따라 간도 이주 역사와 당시 생활, 풍습, 문화는 물론 지식인들의 교육구국운동 활동까지 담아낸 논픽션 그림책이다. 이야기는 고만녜의 다

섯 살 때부터 열일곱 살 때까지의 삶을 풀어내고 있다. 아들 셋에 딸 여섯, 그중에 넷째 딸인 주인공이 있다. 딸은 지겹다고 고만 낳으라는 뜻으로 지어진 이름이란다. 책 제목에서 짐작하듯이 딸이어서 감내해야 했던 이야기가 굽이굽이 펼쳐진다. 아버지가 서당 훈장님이어도 여자아이들은 글을 가르쳐주지 않았다. 아버지 몰래 일곱 살짜리 코흘리개 남동생에게 글을 배우기도 하고, 책 한 권을 얻기 위해 애를 쓰기도 한다.

열일곱 살에 어린 신부가 된 고만녜는 시할머니에 시부모, 시동생 넷까지 있는 집에 맏며느리로 들어가 시집살이를 시작한다. 그래도 다행히 시아버지가 갓 시집온 며느리를 여학교에 보내주었다.

어렵사리 간 학교의 선생님이 학생들을 부를 수가 없는 문제가 생겼다. 남 씨네 셋째 딸, 문 씨네 며느리, 개똥녜…. 그래서 지어진 새 이름! 김, 신, 묵. 명동여자소학교에 다닌 건 3년뿐이지만 평생 손에서 책을 놓지 않고, 늘 세상 사람들에게서 새로운 것을 배워온 고만녜의 모습으로 이야기는 마무리된다.

기억 속 김신묵 여사는 아침 햇살이 들어오는 창가에 앉아서 노래를 부르듯 흥얼흥얼 소리를 내어 신문을 읽는 모습이었다. 그런 할머니의 깊은 주름 속에 감추어진 나날들이 궁금했다던 손녀가 글을 써서 그랬을까. 책에는 할머니를 따뜻하게 위로하고 지지하는 마음이 애틋하게 배어 있다.

작가는 회고록에서 "언뜻 정돈되지 않고 연관이 없는 이야기 같아도 그 안에는 일상생활의 풍습이나 문화가 세세한 부분까지 묘사되었다. 여성들은 주변 사람들과 맺은 관계를 중심으로 사고한다는 것을 알 수 있다"라고 전한다. 그래서인지 더 풍부한 이야깃거리와 재미를 찾아낼 수 있는 그림책으로 재탄생된 듯하다. 여성의 시선으로 풀어내는 이야기는 섬세하면서도 진솔하여 깊이 있게 다가온다. 여성의 삶을 담은 여성작가의 글이야말로 읽는 이에게 진한 여운을 남기는 매력이 있다.

다소 무거울 수 있는 북간도의 백 년 전 삶이 경쾌하게 다가오는 데는 그림작가 김진화의 감각적인 이미지가 큰 몫을 한다. 작가는 많은 고민 끝에 작품의 의도에 부합한 방식을 찾아낸 듯하다. 표제지의 흐릿한 누런 색은 추억 속 사진앨범을 엿보는 듯한 느낌이 들게 한다. 배경의 예스러운 장면들을 석판 기법으로 살려내고, 백 년 전 사진 콜라주 이미지로 표현한 탁월한 배치 감각이 돋보인다. 특히 콜라주 기법은 세련되고 자연스럽게 구사한다고 알려진 작가답게 매력적이다. 모든 장면은 허투루 보아 넘길 수 없이 저마다의 이야기를 조곤조곤 들려준다. 한 장 한 장 디테일을 놓치지 않고 숨은그림찾기 하듯 살펴보면 좋겠다. 춥지만 따뜻한 북간도의 겨울을 그리려 했다는 작가의 의도는 성공인 듯하다.

『고만녜』는 두꺼운 인문서나 역사서보다 더 묵직하고 짙은 울림을 전달한다. 가족에게만 기억되었던 이들을 불러내어 공유하고자 한다. 다가서기 어려운 역사라는 틀 속에 갇혀 있던 이들을 우리 곁에 존재했던 한 사람으로 그려냈다. 사라져버릴 수도 있던 할머니의 개인사를 손녀의 손으로 기록하면서 그들의 이야기가 아닌 우리 모두의 이야기가 되었다. 짧지만 긴 여운을 줄 당신의 기억도 만나보자. 당신의 목소리를 들어보자. 당신의 삶도 역사가 될 수 있다.

함께 읽어요!

『옥춘당』 고정순 지음 | 길벗어린이

고정순 작가의 기억 속 할아버지와 할머니를 만날 수 있는 만화책이다. 평생 친구처럼 다정했던 부부, 전쟁고아였던 두 분의 사랑이 가득 담긴 이야기이다. 할아버지가 제삿날 입에 넣어주던 사탕 '옥춘당'의 알록달록 고운 빛깔만큼 애틋함이 가득 고여 있다.

『손이 들려준 이야기들』 김혜원 글 | 최승훈 그림 | 이야기꽃

2015년부터 2018년까지 충남 부여군 송정마을 열여덟 어르신들의 삶과 말을 담아 만든 그림책이다. 투박해 보이지만 따뜻하고 다정한 손들이 들려주는 이야기를 만날 수 있다.

『나는 [ ] 배웁니다』 가브리엘레 레바글리아티 글 | 와타나베 미치오 그림 | 박나리 옮김 | 책속물고기

고만네의 배움에 대한 열정과 연결하여 읽어보면 좋은 책이다. 배우는 즐거움, 배우면 행복할 수 있다는 깨달음을 색다르게 전달하는데, 재미있는 반전을 기대해도 좋다.

『아카시아 파마』

이춘희 글 | 윤정주 그림 | 사파리

어린 시절
진한 추억으로의 초대

| 손효순

    책 표지만 보고도 입가에 미소가 지어지는 책이 있다. 책장을 펼쳐 보고 있자면 추억이 떠오르며 잔잔한 감동이 밀려와 어린 시절로 여행을 떠나는 듯하다. 어린 시절을 회상하면 힘들었던 기억보다는 아련함으로 채색되어 정감 어린 향수를 불러일으키게 된다. 추억하는 것만으로도 어느새 웃음 한 스푼이 보태진다. 그림책 시리즈 「국시꼬랭이 동네」가 그렇다.

    전통문화 다큐멘터리 작가였던 이춘희는 1990년대 후반부터 전국을 직접 돌아다니며 사라져가는 우리의 자투리 문화를 되살려내는 중요하면서도 어려운 작업을 했다. 세대 간 단절된 문화를 이어주는 징검다리가 되었으면 하는 바람으로 철저한 고증과 감수를 거쳐 만들어진 이야기들은 "잃어버린 자투리 문화를 찾아서"라는 부제를 달고 「국시꼬랭이 동네」 시리즈가 됐고, 그렇게 20권의 그림책이 탄생했다.

그중에 아카시아를 가지고 놀던 '아카시아 파마'라는 옛날 놀이는 「국시꼬랭이 동네」 시리즈의 열 번째 그림책 『아카시아 파마』로 탄생한다. 발품을 팔며 수집한 이춘희 작가의 아카시아 파마 놀이 자료들은 윤정주 그림작가를 만나 이야기에 가장 잘 어울리는 그림, 독자의 마음을 움직이는 그림으로 완성된다. 윤정주 작가는 어릴 적부터 그림 그리는 사람이 되고 싶었으며 지금도 연필이랑 물감이랑 붓이랑 놀 때가 가장 즐겁다고 말한다. 그리는 사람이 즐거워야 독자도 즐겁다는 걸 아는 작가다.

해마다 오뉴월이면 지천에 흐드러지게 피어서 생동감 넘치는 초록 잎과 눈부신 하얀 꽃잎에 향긋한 향기까지 더해주는 아카시아 나무는 그 옛날 아이들의 놀잇감이었다. 가위바위보를 하며 아카시아 잎을 떼어내는 내기 놀이도 하고, 아카시아 잎을 하나씩 떼어내며 점을 쳐보면서 서로 좋아하는지 싫어하는지 알아보기도 했다. 특히 여자아이들은 아카시아 잎을 모두 따내고 남은 줄기로 머리카락을 말아 올리며 미용실 놀이를 하기도 했다.

엄마가 장에 가고 혼자 집을 보던 영남이는 거울 속 자신의 얼굴이 마음에 들지 않았다. 예뻐지고 싶은 마음으로 엄마의 화장품을 가지고 놀다가 엄마처럼 파마가 하고 싶어진 영남이는 젓가락을

불에 달궈 그걸로 앞머리를 말아 올려보지만 그만 머리카락이 다 타버렸다. 그때 마침 놀러 온 친구 미희는 영남이를 데리고 마을 뒷동산 아카시아 숲으로 달려가 아카시아 줄기로 파마를 해준다. 영남이는 아카시아 파마를 한 자기 모습이 정말 예뻐 보였다. 그런데 갑자기 소나기가 내리자 파마머리가 풀어져 영남이의 마음을 안타깝게 한다.

　이 그림책을 읽고 있자면 엄마의 화장품을 탐내던 어릴 적 추억이 소환되어 따가움을 무릅 쓰고 파마를 한다고 머리를 들이대던 기억이 떠오른다. 그림책을 펼치자마자 마당 한가운데 널려 있는 빨래와 거울을 들고 얼굴만 보고 있는 영남이가 등장한다. "눈은 좁쌀 눈, 코는 돼지 코, 입은 하마 입, 두 볼엔 주근깨가 다닥다닥"이라 표현한 둥글둥글한 상고머리 여자아이를 만나게 되면 "아, 옛날에는 저랬지" 하며 무릎을 침과 동시에 입가에 미소가 절로 지어진다. 흡사 마법 같다.

　작가는 장면마다 파스텔 톤의 노란색과 부드러운 연두색으로 몽글몽글한 추억에 부드러움을 더했다. 더불어 아카시아 줄기를 가지고 노는 영남이와 미희에게 쏟아부은 정성에서 그리는 사람이 즐거워야 독자가 봐도 재밌다는 신념이 고스란히 전해진다. 어찌 이리 귀엽고 사랑스러울까.

　『고무신 기차』, 『야광귀신』, 『눈 다래끼 팔아요』, 『아카시아 파마』, 『막걸리 심부름』, 『싸개싸개 오줌싸개』 등 20권까지 발행된 「국시꼬랭이 동네」 시리즈는 작고 보잘것없어 잊혀진 우리의 놀이와 문화 들을 담은 문화 그림책이다. 뿐만 아니다. 시리즈에는 서로 의지하고 보듬고 가끔은 소용돌이치듯이 부대끼는 굴곡이 있는 우리 인생의 모습을 그대로 모아놓았다. 그런 역할에 힘입어 「국시꼬랭이 동네」 시리즈는 우리 옛 아이들의 숨 이야기이다.

「국시꼬랭이 동네」는 영문판으로도 발간되어 2008년 볼로냐 아동도서전을 통해 우리 문화 이야기를 다른 나라에도 소개함으로써 한국의 문화와 수준 높은 우리 그림책을 선보이는 계기가 되었다. 우리네 놀이와 문화는 함께하는 것만으로도 전 세대를 아우른다는 점에서 정겨운 옛날의 놀이와 문화가 잊히지 않도록, 어디서도 구할 수 없는 것이 되지 않도록 우리 모두가 환호하고 즐겨봄은 어떨까? 이제는 사라져가는 기억이지만 따뜻한 정과 추억이 가득 담긴 우리 옛 문화의 추억으로 여러분을 초대하고자 한다.

함께 읽어요!

『국시꼬랭이』 이춘희 글 | 권문희 그림 | 사파리

국수를 만들면서 남겨준 국시꼬랭이 한 조각에 전해지는 이야기를 읽는 동안 잊었던 옛 추억이 떠오르며 가슴 따뜻한 공감대를 형성하게 된다.

『돼지 오줌보 축구』 이춘희 글 | 이혜란 그림 | 사파리

옛날에는 공이 없었기 때문에 아이들은 돼지 오줌보로 축구공을 만들어 놀았다. 모든 것이 귀했던 옛날, 아이들의 소박하면서도 정겨운 놀이 문화를 잘 보여준다.

『풀싸움』 이춘희 글 | 김호민 그림 | 사파리

풀싸움은 풀 이름을 많이 알수록 유리한 놀이다. 아이들이 편을 갈라 자연에서 들풀을 뜯어 내기를 한다. 순태와 오규와 분희, 경애까지 합세해서 남자아이와 여자아이들 간에 풀싸움이 시작되고 내기에 진 남자아이들은 벌칙을 받게 된다.

『나의 를리외르 아저씨』
이세 히데코 지음 | 김정화 옮김
청어람미디어

손으로 기억하고
미래로 전해주다

| 배수경

　어릴 적 함께하며 소중하게 간직한 것이 하나쯤 있을 것이다. 가난한 살림에 아무것도 원할 수 없는 아이가 엄마에게 받은 스케이트 한 켤레일 수도 있고, 손때가 묻어 반질반질해진 곰돌이 인형일 수도 있다. 곁에 둔 채 해지고 망가져도 좋은 이유는 함께한 추억 때문이리라.
　때론 애틋한 추억의 시간이 성장과 꿈의 완성에 이르기도 한다. 좋아하는 것을 즐기고 소중하게 여기다 보면 잘하게 되어 시간의 흐름 속에 꿈을 이루기도 한다. 그리고 그 일은 오래도록 이어지며 다시 전해진다. 그 가치를 글과 그림으로 선물하는, 나무를 사랑하는 소녀와 아저씨 이야기가 있다.
　파리의 아침, 특별한 하루가 시작된다. 풍경 속 펼침면에는 베란다에 나와 있는 소녀와 나무에 물을 주는 아저씨가 보인다. 아끼는 도감이 뜯어져서 고개를 푹 숙인 소녀와 집을 나서 일터로 향하는 아저씨가 교차한다. 파리의 거리와 나무는 책장을 넘기는 내내 한 폭의 맑은 수채화처럼 시선을 멈추게 하며 우리를 정화한다. 그 속에는 같은 시간 각기 다른 모습의 소녀와 아저씨의 행보가 그려진다. 책방에는 새 도감이 많이 있지만 자기 책을 고집하는 소녀는 책 고칠 곳을 찾아 헤매고, 아저씨는 빵을 사 들고 이웃과 인사를 건네며 서서히 우리에게 다가온다. 이제 막 문을 연 아저씨는 가게 밖을 서성이다 들어온 소녀가 내민 책을 본다. "책이 이리되도록 많이도 봤구나. 좋아, 어떻게든 해 보자꾸나." 오래도록 책을 제본해온 아저씨는 소녀의 식물도감을 고쳐주기로 한다.

먼저 책을 낱낱이 뜯어내고 가장자리를 자른다. 실로 다시 한 땀 한 땀 꿰매고 풀칠해서 말린 후 책이 잘 넘어가게 책등을 망치로 두드려서 둥글려준 다음 하루 동안 말린다. 그동안 표지로 쓸 가죽과 종이를 고르고, 가죽 안쪽을 갈아내서 얇게 펴 표지를 만든다. 옆에서 내내 아카시아 이야기를 하던 소녀가 아저씨 손이 나무옹이 같다고 하니 우리는 순간, 그의 손에 집중한다. 책을 붙이고 자르고 다듬는 나무옹이처럼 단단한 손은 투박하지만 섬세하게 "실의 당김도, 가죽의 부드러움도, 종이 습도도, 재료 선택까지" 기억한다.

책이 마르는 동안 두 사람은 공원 산책을 하며 아저씨는 자신의 아버지 또한 를리외르(제본을 뜻하는 프랑스어. 필사본, 낱장의 그림, 이미 인쇄된 책 등을 분해하여 보수한 후 다시 꿰매고 책 내용에 걸맞게 표지를 아름답게 꾸미는 직업을 가리키기도 함)였다고 말해준다. 둘이 앉은 공원의 벤치 앞에는 400년 된 커다란 아카시아가 있다. 아카시아는 를리외르가 이어져온 시간이기도 하고, 소피가 가장 좋아하는 나무이기도 하다. 그리고 이제야 소녀의 이름이 소피인 것을 안 아저씨는 "고치고 다시 튼튼하게 제본할 때마다 책은 새 생명을 얻는 거란다"라며 이름을 남기지 않아도 좋으니 좋은 손을 갖도록 하라던 아버지의 이야기를 들려준다. 를리외르는 책에 들어 있는 지식과 이야기, 인생과 역사를 잊지 않도록 미래로 전해준다.

　이 책의 감수를 맡은 백순덕 대표는 프랑스 정부가 공인한 한국 최초의 를리외르이다. 1992년부터 프랑스 UCAD 제본학교, 아틀리에 베지네를 수료 후 '렉또베르쏘'를 운영하고 있다. 이 책은 글과 그림을 모두 담당한 이세 히데코의 제38회 고단샤 출판문화상 그림책상 수상작이다. 작가는 1949년 일본에서 태어나 도쿄예술대학을 졸업하고, 프랑스에서 공부한 후 여행 중에 낡은 공방에서 일에 몰두하던 한 장인에게 강렬한 인상을 받아 한 달 동안 파리에 머물면서 를리외르 아저씨가 책을 제본하는 과정을 그림으로 그렸다. 그리고 일본으로 돌아온 후 스케치한 그림에 이야기를 담아서 이 책을 완성했다. 열세 살 때부터 켠 첼로와 음악 이야기, 시와 그림, 여행 등 본인이 경험한 소재를 그림책으로 엮어내는 데 탁월한 작가는 장인 정신으로 작업하는 나무 같은 사람이다. 스물다섯 살의 아들을 잃은 아픔과 망막 수술로 한쪽 눈의 시력을 잃었음에도 불구하고 보이지 않는 내면까지 담아내며 더 멋진 풍경을 그려내는 작가의 이야기는 진솔하다.

밤이 지나고 새 아침이 왔다. 도감은 어떻게 완성되었을까? 저만치 뛰어오는 소피는 창가에 놓인 책을 발견한다. "ARBRES de SOPHIE(소피의 나무들)". 제목을 새로 붙인 책은 아카시아 그림과 금박으로 새겨진 소피의 이름으로 다시 태어나 있었다. 속지조차 소피가 좋아하는 숲 색깔이다. 자신의 책에 얼굴을 파묻고 읽기도 하고, 코를 박고 엎드려 보다가 다시 꼭 안고 서 있는 소피의 모습이 너무나 사랑스럽고 행복해 보여 우리를 웃음 짓게 한다. 잠든 아저씨 손에 자신이 키운 화분을 선물한 소피는 자라서 어떤 꿈을 이루었을까? 아저씨의 손길로 만들어진 책은 다시는 뜯어지지 않았다. 한곳에서 오래도록 대를 이어 자기 일에 자부심을 가지고 묵묵히 임하는 거룩한 장인의 모습이 숙연하다. 한 장 한 장 맑은 수채화로 가득한 이 책은 소장하고 싶다는 생각을 불러일으키기에 충분하다. 책은 몇 번이라도 다시 태어난다. 시대를 넘어서!

함께 읽어요!

『커다란 나무 같은 사람』 이세 히데코 지음 | 고향옥 옮김 | 청어람미디어

식물원 이곳저곳을 돌아다니던 소녀는 해바라기 씨앗을 선물로 받게 된다. 식물학자와 소녀의 자연을 통한 만남은 인연과 관계에 관해서 이야기한다.

『첼로, 노래하는 나무』 이세 히데코 지음 | 김소연 옮김 | 천개의바람

소년의 할아버지는 숲에서 나무를 키우고, 늘 숲을 거닐던 소년은 첼로 연주 소리에 마음을 빼앗긴다. 첼로를 만드는 소년의 아버지는 아들에게 소리 내는 법을 선물한다.

『천 개의 바람 천 개의 첼로』 이세 히데코 지음 | 김소연 옮김 | 천개의바람

작가는 첼로의 선율마저 부드러운 선과 투명한 색의 그림으로 표현하며, 소년과 소녀, 할아버지의 상실과 고통을 뛰어넘어 위로와 공감을 전한다.

『인생이라는 이름의 영화관』

지미 지음 | 문현선 옮김 | 대교북스주니어

인생, 영화, 그리고 그림책

| 황희진

　인생, 영화, 그리고 그림책. 세 개의 단어를 읽고 가슴 깊은 곳에서 울려오는 소리를 가만히 들어보자. 지금^{Now} 여기^{Here}에 집중해보자.

　인생과 영화의 고혹한 향기를 품고 있는 따뜻한 그림책이다. 표지 그림에서는 분홍빛의 화사한 꽃잎이 바람에 흩날리고 있다. 나뭇가지의 색도 영화관 의자의 색도 채도가 높은 초록빛과 연둣빛으로 반짝인다. 주인공의 얼굴에는 싱그러운 행복이 가득하다.

　표지를 넘기면 "세상에 영화가 없다면 어떻게 살아갈 수 있을지 나는 상상조차 안 된다"라는 문장이 독자를 맞이한다. 한 장을 더 넘기면 펼침면에 영화관의 무대가 나타난다. 왼쪽 면에는 "노웨어맨$^{Nowhere\ Man}$과 영화에 경의를 표하며"라는 글귀가 있고, 오른쪽

©지민, 대교북스주니어

면에는 책 제목이 적혀 있다. 제목보다 앞서 맞이한 글귀 속 "노웨어 맨"이라는 단어에 궁금증이 생긴다.

 아빠와 예닐곱 살로 보이는 딸이 영화를 보러 간다. 엄마의 향기를 가득 머금은 밝은 노란빛이 가을 낙엽과 아빠의 바바리코트, 그리고 여자아이가 멘 가방에서도 이어진다. 여자아이는 엄마가 보고 싶어질 때면 서랍 속에 있는 엄마의 스카프를 꺼내 엄마의 냄새를 맡는다. 엄마의 스카프 역시 밝은 노란색이다. 딸아이가 엄마를 보고 싶어 할 때마다 아빠는 엄마가 영화를 좋아해서 영화관에 가면 엄마를 만날 수도 있다고 말하며 딸아이를 데리고 영화를 보러 간다. 아이는 영화관에 갈 때마다 공기 중에 엄마 향기가 있을까,

하는 기대를 하며 냄새에 집중한다.

열네 살이 된 딸은 여전히 영화를 좋아하며 영화관에서 만난 남자친구와 첫사랑을 하게 된다. 하지만 몇 개월 되지 않아 남자친구가 스페인으로 이민을 간다. 언젠가 영화관에서 다시 만나자는 약속을 하고. 딸은 남자친구가 떠난 후에도 혼자 영화를 보기도 하고 친구들과 영화를 보기도 하며 지낸다.

스물아홉 살 크리스마스이브, 영화관에서 만난 인연과 결혼을 하게 된다. "영화 속의 삶은 얼마나 아름다운지"라는 문장과 함께 그려진 영화의 남녀 주인공이 그림책의 주인공과 같다는 생각이 든다. 신혼 생활을 즐기고 있던 때 영화감독인 남편은 자신만의 영화 세계에 빠져들게 되고 사람들의 인정을 받지 못하자 마음의 병을 앓게 된다.

결국 주인공의 남편은 자신의 길을 찾아 떠난다. 홀로 남겨진 주인공은 엄마가 떠나던 날 밤의 기억과 함께 남편과 헤어진 기억도 갖게 된다. 홀로 남겨진 방 한쪽 벽면에는 "Nowhere"라는 단어와 집 하나, 구름 하나가 그려진 그림이 있다. 이야기 시작 전에 쓰여 있던 "노웨어맨"의 "노웨어"라는 단어의 의미를 생각하게 한다.

주인공은 남편이 떠난 후 임신 사실을 알게 되고 딸아이를 낳아 혼자 키운다. 딸아이가 아빠를 찾을 때마다 영화관에 간다. 주인공이 엄마를 찾을 때마다 아빠가 영화관에 데려갔듯이…. 어느 주말 딸아이와 영화를 보러 갔다가 스페인으로 이민 갔던 첫사랑을 만나게 된다. 주인공은 꿈속에서 그와의 추억을 되새기는데 지면에는 "아! 삶은 얼마나 아름다운지"라고 주인공의 마음이 쓰여 있다.

세월은 흘러 등이 굽은 아버지의 기분이 안 좋을 때마다 주인공은 아버지와 함께 영화관에 간다. 주인공이 어린 시절 엄마를 보고 싶어 할 때마다 아빠가 영화관에 데려갔듯이…. 영화를 보던 중, 수천, 수만 번 맡았던 엄마 냄새를 찾는다. 그렇게 노란 스카프를 한 엄마를 만나게 되며 이야기는 끝난다.

그리고 막을 내린 스크린 위에 작가 지미의 독백이 이어진다.

나는 영화를 좋아한다. 인생의 슬픈 눈물을 전부 영화관에서 흘려버릴 수 있다면 얼마나 좋을까. 2005년 봄, 나는 책으로 내가 사랑하는 영화에 경의를 표하겠다고 마음먹었다. 삶에서 갈 곳을 잃었을 때 잠시나마 숨을 곳과 무한한 힘을 준 것에 특히 감사한다.

더불어 책에 등장한 영화와 제작자의 목록이 적혀 있다. 그림책의 주인공처럼 작가 지미도 영화와 함께 성장했던 것이다.

이 책의 글을 쓰고 그림을 그린 지미는 어른을 위한 그림책을 쓰는 대만의 유명 작가로 동양의 "장자크 상페"라고도 불린다.『별이 빛나는 밤』(2022),『미소짓는 물고기』(2000) 등의 작품이 뮤지컬,

ⓒ지미, 대만출판스튜디오

드라마, 영화로도 만들어졌고, 미국, 프랑스, 스페인, 이탈리아, 그리스, 한국, 일본 등에서 번역 출판되었다. 그림책과 영화 등 다양한 장르로 만들어지기에 충분하고, 여러 나라 사람들이 공감할 수 있는 이야기를 그림과 함께 엮어낼 수 있는 작가 지미가 지금 여기 함께 있어 감사하다.

『인생이라는 이름의 영화관』의 그림에 등장하는 영화 포스터들이 뇌리를 스친다. 그림책의 이야기와 영화가 그려진 그림이 퍼즐 맞추듯 맞아떨어진다. 150여 쪽이 넘는 그림책의 책장이 순식간에 넘어간다. 영화 한 편을 본 듯한데 책을 보고 또 볼수록 더 많은 영화와 그림이 보인다. 여러 영화의 장면이 녹아 있으며 그림의 색이

주는 느낌, 구름, 토끼, 고양이, 새 등의 의미를 생각하며 읽을수록 더욱 깊은 맛이 우러나는 사골국 같은 그림책이다.

영화는 상영 장소와 상영 시간의 제약이 있다면, 그림책은 언제 어디서나 내 마음과 손길이 닿으면 상영할 수 있는 '나만의 영화관'이 된다. 작가 지미에게 감히 전한다. 나는 그림책을 좋아한다, 삶에서 잠시나마 숨을 곳과 무한한 힘을 주니까. 빛을 따라가면 어둠이 더는 어두워지지 않고 인생을 마주할 용기를 주는 그림책 한 권을 만났다. 당신 인생에 적어도 영화 한 편과 그림책 한 권이 함께하길 바란다. 인생, 영화, 그리고 그림책. 지금Now 여기Here를 살아간다.

함께 읽어요!

『**삶의 모든 색**』 리사 아이사토 지음 | 김지은 옮김 | 길벗어린이

삶의 모든 순간, 당신이 사랑받았다고 느낄 수 있다. 당신의 삶은 지금, 어떤 순간, 어떤 색인지에 대한 생각을 열어준다.

『**100 인생 그림책**』 하이케 팔러 글 | 발레리오 비달리 그림 | 김시정 옮김 | 사계절

태어나서 100세까지 100개의 장면으로 보는 인생의 맛이 담겨 있다. 짧은 글과 명료한 그림의 어우러짐 속에서 인생을 통찰할 수 있다.

『엄마 마중』

이태준 글 | 김동성 그림 | 보림

따뜻한 말 한마디,
그리고 그림책의 힘

| 유주현

추워서 코가 새빨간 아가가 아장아장 전차 정류장으로 걸어 나왔습니다. 그리고 '낑' 하고 안전지대에 올라섰습니다. 이내 전차가 왔습니다. 아가는 갸웃하고 차장더러 물었습니다. "우리 엄마 안 오?" "너희 엄마를 내가 아니?" 하고 차장은 '땡땡' 하면서 지나갔습니다. 또 전차가 왔습니다. 아가는 또 갸웃하고 차장더러 물었습니다. "우리 엄마 안 오?" "너희 엄마를 내가 아니?" 하고 이 차장도 '땡땡' 하면서 지나갔습니다. 그다음 전차가 또 왔습니다. 아가는 또 갸웃하고 차장더러 물었습니다. "우리 엄마 안 오?" "오! 엄마를 기다리는 아가구나" 하고 이번 차장은 내려와서, "다칠라, 너희 엄마 오시도록 한군데만 가만히 섰거라. 응?" 하고 갔습니다. 아가는 바람이 불어도 꼼짝 안 하고, 전차가 와도 다시는 묻지도 않고, 코만 새빨개

서 가만히 서 있었습니다. _ 이태준, 『조선아동문학집』, 1938

    1930년대 세련된 문장과 완성도 높은 단편소설 작가로 알려진 이태준은 본격적인 소설을 쓰기 전 11편의 동화를 창작하였다. 그의 동화에서 일제 강점기의 아동은 집을 떠나 길거리에서 엄마를 기다리는 아이, 길거리에서 그림을 파는 소년, 어미와 분리된 강아지와 새끼 까치, 부모 없는 고아 등으로 생생하게 묘사되었다.
    동화책 『엄마 마중』을 먼저 읽었을 때, 여섯 살에 엄마를 잃고 아홉 살에 아버지마저 잃은 작가의 불우한 삶과 일제 강점기 아이들의 삶이 겹쳐지면서, 언제 돌아올지 기약 없는 엄마를 기다리는 외로운 아이의 모습을 담은 작품이라 기억했다. 조국도 없는 식민지 시대, 전차 정류장의 안전지대조차 낑낑거리며 힘겹게 올라가는 어린아이가 바람 부는 날 엄마를 기다리는 풍경은 나라 잃은 불쌍한 조선 아이의 모습을 사실적으로 보여주는 한 편의 슬픈 동화였다. 가족과 함께 있어야 할 따뜻하고 안락한 집에 부모(엄마)가 부재해 아이는 길거리로 나서고, 기찻길에 올라 하염없이 엄마를 기다린다. 집이 개인적이고 사적인 공간이라면 길은 타인과 함께 있는 공간이다. 아이는 길에서 타인을 만나고 소통하고 관계를 형성하면서 세상을 경험하고 현실에 눈을 뜨게 된다. 『엄마 마중』에서 아이가 만나는 현실은 엄마를 기다리는 아이의 간절한 질문에 무뚝뚝하게 대

답하는 차장의 모습으로 시작된다. 몇 번의 질문 끝에 아이는 친절한 차장을 만나 한군데서 가만히 기다리라는 답을 듣고 바람이 불어도 전차가 다시 와도 꼼짝 않고 서서 엄마를 기다린다. 동화에서는 차장의 따뜻한 한마디에 기대어 추운 날씨에 엄마를 기다리는, 그러나 엄마를 만났는지 밤새도록 엄마를 기다려야 하는지 알 수 없는 쓸쓸한 아이의 모습으로 끝이 난다.

그 후 한참이 지나서 김동성 작가가 그린 그림책 『엄마 마중』을 읽었다. 나이와 행색을 알 수 없었던 아이는 엄마가 마련한 방한모자를 쓰고 말끔한 한복을 입은 귀여운 아이로 그려지고, 춥고 황량할 것 같은 전차 정류장은 아름다운 색깔의 정겨운 옛 풍경으로 다시 태어났다. 아이는 혼자 바닥에 낙서도 하고, 전차가 올 때마다

차장에게 엄마가 왔는지 물어도 보고, 쭈그리고 앉아 하염없이 전차 오는 방향을 바라보면서 엄마를 기다린다. 누구도 관심을 기울이지 않고 질문에 차장조차 무관심하게 대답할 때 아이는 누구와도 소통하지 않는 외로운 아이로 그려진다. 그러나 한 차장이 일부러 전차에서 내려와 아이에게 안부를 묻고 헤매지 말고 엄마를 가만히 서서 기다리라는 따뜻한 한마디를 건넨 후 아이의 모습은 이전과 다르게 그려진다. 승객들이 떠난 정류장에 홀로 남은 아이는 쭈그리고 앉아 전차가 오는 방향을 하염없이 바라보던 불쌍하고 연약한 아이가 아닌 엄마가 올 때까지 가만히 서서 기다리라는 차장의 말 한마디에 믿음을 갖고 코가 빨개져도 울지 않는 의젓한 아이로 그려진다.

무관심한 차장들과 대화 후 아이가 엄마를 기다리는 풍경은 단색으로 그려지며 전차를 기다리는 사람들 사이에서 외롭게 엄마를 기다리는 아이가 뚜렷하게 부각된다. 하지만 아이에게 관심을 가지고 엄마가 올 때까지 조심히 기다리라는 차장의 따뜻한 한마디를 들은 후 아이 주변은 파스텔 톤의 아름다운 풍경으로 바뀐다. 그 전까지 보이지 않던 주변 풍경은 식당, 상회, 국숫집, 병원 등이 즐비하게 늘어선 정겨운 마을로 바뀌고, 눈 오는 풍경을 바라보는 아이의 시선은 추위에 떨면서 걱정하거나 울고 있는 모습이 아닌 신기한 듯 바라보는 의젓한 아이로 묘사된다. 그리고 마지막 장을 넘기면 우리가 그토록 기다리던 순간, 아이와 엄마가 만나 집으로 돌아가는 모습이 그려진다. 엄마 손을 잡고 집으로 돌아가는 골목길은 첫 장의 어둡고 추운 갈색이 아닌 희망에 가득 찬 연둣빛 하늘색에 눈이 오는 행복한 길로 바뀌었다. 아름답지만 외롭고 쓸쓸한 동화는 그림작가의 색과 표현을 거치면서 따뜻하고 행복한 그림책으로 변신했다.

    그림책은 그림작가의 프리즘을 통해 그림작가가 형상화한 인물의 외모, 표정, 공간의 시선, 색채, 분위기를 입고 재탄생한다. 그림책은 글작가의 글을 읽으며 느끼는 감동과 그 글을 새롭고 다르게 해석한 그림작가의 그림을 함께 감상할 때, 그 즐거움은 배가되고 이야기는 더 풍부하고 새롭게 재발견된다. 김동성 작가의 그림책

『엄마 마중』은 그림이 주는 새로운 힘과 즐거움을 발견하는 좋은 작품이다. 김동성 작가와 아름다운 우리 동화와의 또 다른 만남이 기대된다.

함께 읽어요!

『메아리』 이주홍 글 | 김동성 그림 | 길벗어린이

아버지, 누이, 그리고 누렁 암소와 외딴 산골 마을에 사는 소년의 외로움, 슬픔, 기쁨을 한 폭의 수묵화, 산수화 속 풍경처럼 잔잔하고 담백하게 펼쳐낸 그림책이다.

『고향의 봄』 이원수 글 | 김동성 그림 | 파랑새

책을 펼치면 울긋불긋 복숭아꽃, 살구꽃, 진달래꽃 가득한 고향이 펼쳐진다. 마음의 고향, 나의 살던 그리운 고향을 만나고픈 이들에게 추천하는 그림책이다.

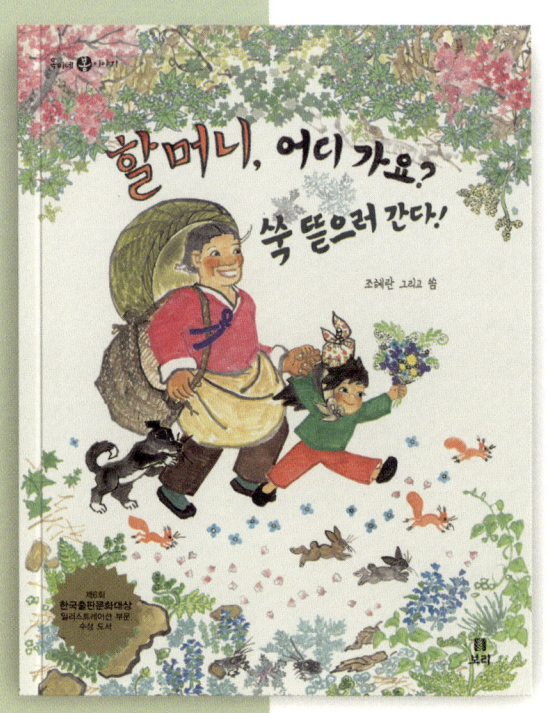

『할머니, 어디 가요?
쑥 뜯으러 간다!』

조혜란 지음 | 보리

우리들의 할머니를 찾아서

| 김명희

　우리가 어릴 때만 해도 할머니는 가족에게 중요한 사람이었다. 추운 날, 바깥바람을 맞고 들어온 가족들의 꽁꽁 언 손을 녹여주는 어른의 자리를 지키셨던 분이다. 아무리 화가 나는 일이 있어도 할머니 앞에서는 내색하지 않던 어머니, 집을 나서거나 들어올 때 가장 먼저 할머니께 인사를 드리던 아버지의 모습에서 아이들은 할머니의 존재를 실감하며 자랐다. 뜨락을 가득 채우는 채송화와 날이 더워질수록 짙어지던 맨드라미의 닭 볏 같은 붉은 자태, 매일 피고 지던 나팔꽃과 분꽃, 정원의 후미진 곳에서도 잘 자라던 토란과 대추나무, 감나무. 그것들은 늘 할머니의 손끝에서 꽃을 피우고 열매를 맺었다. 쌀이 귀해 모두가 배고팠던 시절, 끼니를 구걸하는 거지도 많았다. 할머니는 그들을 그냥 돌려보내지 않았다. 할머니의 속

깊은 마음과 말 없는 실천을 몸에 익히면서 우리는 그렇게 자랐다.

이제는 그 시절의 할머니들이 사라졌다. 잊을 만하면 명절 때만 잠깐씩 인사치레로 찾아뵙는 사람으로 밀려나고 말았다. 그러다 보니 요즘 아이들에게는 할머니에게서 나는 냄새와 차림새 등 모든 것이 낯설고 어색하기만 하다. 옛이야기의 구수함과 해묵은 지혜는 더 이상 할머니에게서 나오지 않는다. 그렇듯 희미해지는 할머니의 존재감을 다시금 일깨워주는 그림책을 만났다. 조혜란 작가의 「옥이네 이야기: 할머니, 어디 가요?」 시리즈 중 '옥이네 봄 이야기' 『할머니, 어디 가요? 쑥 뜯으러 간다!』가 바로 그것이다. 큼지막한 나물바구니를 등에 진 채 꽃분홍색 저고리를 입고 얼굴 가득 웃음꽃이 만발한 할머니와 도시락을 머리 위에 질끈 묶어 이고 들꽃 한 다발 손에 쥔 옥이의 신바람 나는 발걸음, 흥에 겨워 따라나선 깜돌이, 들판에서 자유롭게 뛰노는 토끼, 다람쥐 등이 한데 어우러진 표지 그림에서 활력이 흘러넘친다.

조혜란 작가는 충남 서천군 시초면에서 태어났다. 토끼, 염소, 개, 닭 등을 기르며 자연의 품에서 자랐기에 그의 작품 대부분은 일하는 사람, 풍요로운 자연을 배경 삼아 펼쳐진다. 산과 들, 바다의 품에서 땀 흘려 일하는 사람들, 사람과 사람을 잇는 인정과 사랑의 기운이 그림책 곳곳에 스며 있어 독자들의 마음을 따뜻하게 감싼다. 1998년 『사물놀이』(김동원 글)를 첫 그림책으로 출간했고, 2002

년 『참새』를 쓰고 그렸다. 고향 같은 서산에 귀촌하면서 서산의 자연에 반해 직접 글을 쓰고 그림을 그려 만든 그림책이 「옥이네 이야기: 할머니, 어디 가요?」 시리즈이다. 몸에 밴 어린 시절이 오롯이 담겨 있어 작가 자신을 표현한 대표적인 그림책이라고 할 수 있다. 자연이 사람에게 주는 것, 그중에서도 먹을거리에 대한 관심으로 시작된 책이다. 뜯고 따고 캐고 줍는 채취 과정과 요리를 해서 먹는 과정을 실감 나게 담았다.

조혜란 작가의 그림은 세상에 존재하는 작은 것들에 대한 사랑으로 가득 차 있다. 밭둑에 그득한 비름나물조차 뭉뚱그려 그리지 않고 이파리 한 장 한 장을 섬세하게 그렸다. 염소에 쫓겨 화들짝 놀라 달아나는 닭들의 발톱 하나, 날이 선 날갯죽지까지, 무엇 하나 허투루 그려진 게 없다. 펼침면을 가득 채우는 생명체들은 서로 호응하고 어우러지며 읽는 이의 가슴을 따끈따끈한 에너지로 충전시켜준다. 온 동네를 들썩이게 하는, 살아 있는 모든 것들의 생동감이 동양화 특유의 먹선을 타고 힘차게 움직인다. 애쓰지 않고 생긴 대로 있는 만큼 누리고 즐기고 나누며 사는 아름다운 세상을 표현한 그의 그림은 마주치는 순간, 똘똘 뭉친 근육을 풀어주고 닫힌 마음의 문을 활짝 열어젖힌다.

『할머니, 어디 가요? 쑥 뜯으러 간다!』의 면지를 펼치면 울긋불긋 꽃 대궐을 이룬 산과 들, 양옆으로 줄지어 선 벚꽃 그림이 독자들을 반긴다. 바닷가 마을에 옹기종기 모여 사는 옥이네 마을 사람들이 정답게 소개되어 있어 "옥아~!" 하고 부르면 옥이가 금방이라도 뛰어나올 것 같다. "어렸을 때 그림이 조금만 나오는 책이 미웠던" 작가는 그에 대한 보상이라도 하려는 듯 펼침면 가득 풍성한 그림을 담았다. 꼬물꼬물 살아 숨 쉬는 생명체들의 에너지가 고스란히 와닿는다. 보자기를 두르고 옥이 머리카락을 잘라주는 할머니의 모습으로 시작되는 이야기가 재미있다. 한 장씩 떼어내는 일력日曆, 바쁜 와중에도 유리병에 푸짐하게 한 다발 꺾어 소담하게 꽂아둔 진달래꽃, 어린 시절에 봤음 직한 오래된 텔레비전까지, 추억 여행을 떠나온 듯 따뜻하다. 향긋한 쑥개떡을 한 소쿠리 쪄내 동네 사람들에게 먼저 나눠주고 남는 음식을 시장에 내다 파는 옥이 할머니의 손은 크기만 하다. 와글와글 노점의 음식이 넘쳐나는 시골 장터는 보기만 해도 즐겁고 신난다.

그림책에 등장하는 옥이와 할머니는 긍정의 아이콘이다. 뾰족뾰족 엄나무 가시에 몇 번이나 손을 찔리면서도 옥이에게 맛난 반찬을 해주고 싶고, 시장에도 출근 도장을 찍고 싶어 하는 할머니의 모습이 사랑스럽다. 엄나무 순을 다 팔아서 마련한 아까운 돈으로 깜돌이를 사서 옥이 품에 척하니 안겨주는 할머니, 꿀병에 넣은 돈이 얼마 안 되어도 깜돌이가 있는 것만으로 마음 뿌듯해하는 옥이와 할머니의 모습이 얼마나 푸근한지! "고불고불 고사리 끓는 물에 데쳐서 햇볕에 꼬들꼬들 말리자꾸나!" 고사리를 다 팔고, 할머니는 분식집에 들러 옥이에게 핫도그를 사준다. 5월 5일 어린이날, 할머니는 동네 아이들을 위해 비눗방울 놀잇감과 푸짐한 간식을 준비한다. 옥이와 할머니의 한바탕 흥겨운 봄맞이를 따라다니다 보면 어느새 봄은 바람처럼 지나가고 녹음이 우거진 여름을 만난다. 이때 꼭 읽어야 하는 다음 책이 바로 '옥이네 여름 이야기' 『할머니, 어디 가요? 앵두 따러 간다!』이다. 이어지는 가을, 겨울 이야기도 지나칠 수 없을 만큼 재미있고 흥겹다.

계절을 잊은 듯, 더울 때는 시원한 에어컨이 있고, 추울 때는 반팔로도 지낼 수 있을 만큼 난방장치가 잘 된 쾌적한 공간에서 지내며, 먹고 싶은 과일도 제철을 기다리지 않고 언제나 사 먹을 수 있는 요즘 아이들과 가족의 범주에는 들어가지만 더 이상 설 자리도, 나름의 역할과 몫도 잃은 채 쓸쓸하게 혼자 지내는 모든 할머니, 할아버지 들께 옥이네 봄, 여름, 가을, 겨울 이야기 그림책을 읽어드리고 싶다.

함께 읽어요!

『빨강이들』 조혜란 지음 | 사계절

단풍놀이에 나선 할머니들은 온통 빨강이다. 한 땀 한 땀 이어지는 바느질 선과 알록달록 따뜻한 천의 질감이 할머니들의 고운 미소와 어우러져 아름답다. 빨간색이 주는 따뜻함과 힘, 사랑의 이미지를 입은 할머니들의 옷차림이 돋보인다.

『우리 동네 할머니』 샬롯 졸로토 글 | 제임스 스티븐슨 그림 | 김명숙 옮김 | 시공주니어

혼자 살면서 꽃을 가꾸는 할머니는 동네 아이들의 아침 등굣길을 환한 미소로 배웅하고, 아이들과 강아지 이름을 불러주는 따뜻한 분이다. 추운 겨울날 몸을 녹여주고 손수 음식을 만들어 아이들을 초대하는 멋진 할머니의 모습에 가슴이 따뜻해진다.

『풋감으로 쓴 시』 오현아 글 | 엄정원 그림 | 백화만발

할머니는 하얀 천에 시를 쓰듯 자연색 물을 들인다. 할머니는 주변 사람들에게 도움을 받아 재료를 구하고 다시 이를 나누면서 사별의 슬픔을 희망으로 물들인다. 자연 염색 같은 그림이 따뜻하고 잔잔한 여운을 준다.

『잠에서 깨어난 집』

마틴 비드마르크 글
에밀리아 지우바크 그림 | 이유진 옮김
고래이야기

양귀비꽃이
선물한 기적

| 배수경

책을 펼치면 검은색으로 가득한 배경에 집 한 채가 덩그러니 있다. 라숀 씨는 커다란 집에서 혼자 산다. 집은 청소한 지도 오래되어 창틀에는 먼지가 쌓이고 환기도 하지 않아 창가에 꽃들도 시들어버렸다. 아이들은 떠났고 부인인 사라도 세상에 없다. 고양이 유한 세바스티안마저 어느 날 집을 나갔다.

저녁이 되면 라숀 씨는 지난날을 추억하며 방마다 불을 끄러 다닌다. 사라가 작업실에서 먼저 그를 부른다. 사라가 그린 그림 속에는 둘이 처음으로 함께 갔던 양비귀꽃이 가득 핀 여름 들판이 있다. 붉은 양귀비꽃 속에 파묻힌 젊은 날의 연인은 한 폭의 유채화처럼 우리를 사로잡는다. 하지만 홀로 그 들판을 바라보는 라숀 씨의 쓸쓸한 모습에 곧 먹먹해진다.

서재에서는 오랜 시간 안락의자에 앉아 책을 읽는 라숀 씨가 보인다. 현실의 그는 자신을 잠시 내려다본다. 문을 닫고 나온 라숀 씨는 아이들의 방을 들여다본다. 어둠을 무서워하는 오빠 미카엘은 늘 여동생 산나와 방을 같이 쓰고 싶어 했다. 라숀 씨는 침대 옆 전등을 끄고 살금살금 방을 나선다. 넓은 부엌, 사라는 요리를 하고 아이들은 식탁에서 그림을 그리고 있다. 맛있는 냄새, 보글보글 끓는 소리와 함께 사라와 아이들은 여전히 그곳에 있다. 라숀 씨는 난로에 불이 꺼진 것을 확인하고 부엌 전등을 끈다.

  이제 침실로 들어온 라숀 씨는 마지막 전등을 끄려고 손을 뻗는다. 그때 초인종이 울린다. 잘못 들은 것이라 생각하고 다시 누우려 할 때 초인종이 한 번 더 울린다. 투덜대며 계단을 내려가는 라숀 씨의 집은 메마른 나무 넝쿨로 싸여 있어 음산한 기분마저 든다. 문밖에는 화분을 든 소년이 서 있다. 가족과 휴가를 떠난다는 소년은 화분을 맡기고 가버린다.

"난 더는 아무것도 돌볼 수가 없어! 나는⋯."

  고백하듯 외치는 라숀 씨의 한마디는 너무나 슬프다. 내키진 않지만 그는 화분에 물을 준다. 아직은 꽃도 없어 흙만 보이는 화분 위에 라숀 씨가 웅크린 모습이 안쓰럽다. 다음 날 모처럼 즐거운 기분으로 눈을 뜬 라숀 씨는 귀찮은 화분이 자꾸 신경 쓰이고, 흙을 뚫고 나온 작은 새싹을 발견하게 된다. 코를 킁킁거리던 라숀 씨는 창문을 열어젖힌다. 지저분한 창문을 닦고 집 안 구석구석을 청소한다. 그렇게 하루하루 시간이 흐른다. 어느새 고양이 세바스티안도 돌아와 있다.

라숀 씨가 청소를 하고 음식을 만들고 책을 읽는 동안 화분의 꽃도 자란다. 넝쿨 속에서 빨간 꽃봉오리를 마주하는 라숀 씨의 모습은 압권이다. 꽃봉오리 틈새로 벨벳처럼 붉은 꽃잎이 보인다. 양귀비꽃이다. 사라가 즐겨 그렸던 그 꽃이다. 그때 소년이 찾아온다. 그리고 라숀 씨를 집으로 초대한다. 둘은 화분을 들고 울타리를 건너간다. 마지막 책장을 넘기면 초록색 들판과 노랑과 푸른색이 섞인 하늘 아래로 예쁜 붉은색 집이 환하게 보인다.

이 글을 쓴 마틴 비드마르크는 1961년 스웨덴에서 태어났다. 초등학교 교사로 또 이주민을 위한 스웨덴어 교사로 일하다가 작가가 되었다. 대표작은 텔레비전 드라마와 영화로도 만들어진 어린이 추리소설 시리즈 「라세마야 탐정사무소 LasseMajas Detektivbyra」이다. 비드마르크의 책들은 스웨덴에서만 약 700만 부가 팔리고, 30여 개 언어로 번역되었다. 그림을 그린 에밀리아 지우바크는 1982년 폴란드에서 태어났다. 포즈난미술대학에서 공부한 후 2011년 어린이를 위한 요리책으로 작품 활동을 시작했다. 폴란드와 스웨덴을 비롯한

여러 나라에서 발간한 그림책과 아동 청소년 도서에 그림을 그렸고, 일러스트레이션 작업에 참여했다.

가족이 다 떠난 집에서 혼자 살게 된다면 어떨까? 나이 들어 시력도 나빠지고 관절은 삐걱거리는 노인은 외로움과 무기력함에 추억만을 안고 살아간다. 먼지가 가득 쌓인 집도 닫힌 창문도 눈에 들어오지 않는다. 이웃집 소년의 방문은 그에게 새로운 삶을 선사한다. 무슨 꽃이 자라고 있을지 모를 화분과 함께 말이다. "나 원 참…" 난감했지만 무엇인가를 돌보게 되면서 자신에게도 희망이 남아 있다는 것을 깨닫는다. 더군다나 화분의 꽃이 부인이 즐겨 그리던 둘의 추억이 가득한 양귀비꽃이었다니. 일상도 집의 모습도 라숀 씨도 변해간다.

    이 작품은 그림책이 주는 즐거움을 마음껏 선사한다. 글과 그림이 잘 어우러져 여느 그림책보다 그림으로 더 많은 이야기를 전해주기 때문이다. 어둡고 칙칙한 집은 홀로 남겨진 라숀 씨의 모습이다. 붉은 양귀비꽃과 창가에 앉은 사라와 침대 속 아이들은 추억이다. 화분의 흙에 웅크리고 있는 라숀 씨는 현실의 모습이다. 화분에 피어난 새싹과 환하게 자기 색을 찾은 집은 미래와 희망을 전해준다. 이 모든 것을 텍스트로만 표현했다면 이미지는 각자의 상상에만 맡겼을 것이다. 그러니 이토록 멋진 이야기와 그림이 더해진 그림책을 사랑하지 않을 수 없다. 잠에서 깨어난 집에서 자기 색을 찾은 라숀 씨의 날들을 응원한다.

함께 읽어요!

『**할아버지의 바닷속 집**』 히라타 겐야 글 | 가토 구니오 그림 | 김인호 옮김 | 바다어린이

바닷물이 점점 차올라 집이 잠기면 그 위에 새집을 짓는 마을이 있다. 그곳에 홀로 남겨진 할아버지는 어느 날 연장을 잃어버려 들어간 바닷속에서 아래로 아래로 내려갈수록 추억이 가득 숨어 있는 것을 발견하게 된다.

『낮잠 자는 집』 오드리 우드 글 | 돈 우드 그림 | 조숙은 옮김 | 보림

낮잠 자는 집이 한 채 있다. 집 안 침대에서는 할머니, 꼬마, 개, 벼룩 모두 낮잠을 잔다. 그러다 벼룩이 쥐를 물고, 쥐는 고양이를, 고양이는 개를, 개는 꼬마를, 꼬마는 할머니를 깨운다.

『숨어있는 집』 마틴 워델 글 | 안젤라 배럿 그림 | 장미란 옮김 | 마루벌

숲속 조그마한 집에 혼자 사는 할아버지는 세 나무 인형을 만들어 가족이 된다. 어느 날 할아버지가 떠난 후, 수풀 속에 파묻힌 집과 남겨진 인형들에게 새로운 가족이 찾아온다.

함께 즐겨요!

감성 충전
사계절 그림책 여행

| 오현아 · 김정해

어린 시절을 훌쩍 지나 어른이 되어 다시 그림책을 펼쳐 드는 이유는 여러 가지가 있겠지만, 우연히 열어본 그림책이 잊고 있던 나의 감성을 깨우고, 어른으로서 더 유연한 삶을 살게 되면서 자연 그대로의 영혼에 조금 더 가까워지기 때문이라고 생각한다. 감성은 주변을 돌아보게 하며, 계절의 변화와 사람들의 얼굴을 살피고 그 이면까지 들여다보게 한다. 감성을 부르는 또 다른 문은 여행이다. 여행은 자연에 동화되어 삶의 여백을 만들고 감성이 물처럼 스며들게 만든다. 삶에 그림책이 들어와 유연해지는 경험과 변화는 여행과 닮은꼴이다. 이 꼭지에서는 그림책에 여행을 더해 계절별 그림책 여행지를 소개한다.

봄, 시골 외갓집 같은
송정 그림책 마을

햇살이 한결 부드럽고 따뜻해지는 봄, 눈길 닿는 모든 것이 여린 초록으로 넘실거릴 때, 부여 **송정 그림책 마을**은 눈부시다. 충청남도 부여군 양화면 송정 그림책 마을은 소나무로 둘러싸인 작은 산골 마을이다. '송정'은 소나무와 정자가 많아 붙여진 이름이다. 마을 뒤쪽은 산이 감싸고 앞쪽은 평야가 내려다보이는 풍요롭고 따스한 마을이다.

마을 어귀에는 오래된 느티나무, 팽나무가 어우러진 너른 마당이 있는데 마을 사람들은 이곳을 "청룡"이라 부른다. 잎이 무성해지면 하늘이 보이지 않을 정도로 그늘이 짙어지는데 부엉이가 산다

는 소문도 있다. 청룡은 마을 사람들의 자랑으로 쉼터가 되기도 하고, 회의장이 되기도 하며, 외부 행사를 진행하거나 단체 손님을 맞이하는 곳이 되기도 한다. 마을 입구에 들어서면 오른쪽 둔덕에는 청설모가 산다는 500살 된 도토리나무부터 마을과 함께 수백 년을 살아온 은행나무와 길가를 병풍처럼 두른 대나무숲이 있다. 마을로 들어서면 제일 먼저 '송정 그림책 마을 찻집'이 방문객을 맞이하는데, 생각보다 큰 규모의 건물이 인상적이다. 문을 열고 찻집으로 들어서면 밝은 자연 채광과 따뜻한 나무로 만들어진 실내가 편안하다. 카페 창밖으로 마을 앞 풍경이 푸르름을 뽐내고, 계절마다 달리 피는 꽃이 정원에서 어여쁘게 방문객을 반긴다.

송정 그림책 마을과 찻집은 '그림책 읽는 마을 찻집 조성 사업'이 창조지역사업에 선정되어 2015년부터 2018년까지 국비 지원 사업으로 진행되었다. 송정 그림책 마을 콘셉트는 "그림책 중심! 마을 중심!" 그 두 가지가 균형을 이루게 하는 구상으로 마을과 마을 사람들의 삶의 이야기가 담긴 그림책 공간으로 꾸려 나가고 있다. 예컨대 유럽의 '피터 래빗 마을'은 베아트릭스 포터가 잠시 머무는 동안 책이 나왔는데 이후 인기를 얻자 마을도 덩달아 유명세를 누렸고, 일본의 '키조 그림책 마을'은 외부 문화예술 기획자가 그림책 관련 활동을 하여 만든 곳으로 그림책이 마을의 삶과 직접적인 연관이 없다는 면에서 송정 그림책 마을과 다르다.

 프로젝트의 시작은 수월하지 않았다. 송정마을 어르신들의 80퍼센트가 70~80대였고, 대여섯 명 정도 되는 그들의 자녀는 50~60대였다. 어려운 시대에 농사를 지으며 살아온 어르신들에게 책은 낯선 매체였다. 하지만 결국 어르신들은 자신들이 세상을 떠난 후 그들의 역사가 사라지는 것에 대한 걱정과 송정의 미래가 계속 이어지기를 바라는 마음으로 프로젝트에 열심히 참여하게 되었다. 마을 어르신들이 꿈꾸는 송정 그림책 마을은 외갓집 같은 그림책 마을이었다. 누구네 집 아이들이 오건 손주를 맞는 마음으로 밥을 먹이고, 감과 대추를 따주며 친근하게 대하고, 재미있게 놀다 갈 수 있는 마을이 되고 싶었다. 프로젝트를 맡은 '그림책미술관시민모임'은 어르신들과 같은 마음으로 마을과 어르신들의 삶을 그림책에 담아 송정을 모르는 사람에게 마을을 만나게 해주고 기억에 남게

하는 일에 함께했다. 사람들이 기억하는 한 마을은 사라지지 않을 테니까.

    2015년 프로젝트 1단계에는 활동가와 그림책 작가들이 마을 어르신들과 자연스러운 관계 형성을 위해 그림책과 노는 시간을 가졌다. 송정마을 어르신들은 읽기는 해도 자신을 글로 표현하기는 어려워했다. 이에 문해력이 약한 어르신들께 그림책을 읽어드리거나 그림을 그리고 꽃 만들기나 블록 쌓기 등을 하면서 스스로 이야기를 풀어낼 수 있도록 했다. 그 과정에서 어르신들의 삶 이야기를 채록한 후 정리하여 글 자료를 준비했다.

    2016년 프로젝트 2단계에는 어르신들 개개인을 어느 정도 파악하고 삶을 이해하게 됐을 즈음에 그림책 만들기에 착수하여 6개월간 작업을 진행했다. 어르신들은 일주일에 한 번씩 한두 시간 이상 마을 회관에 모여서 책 만들기에 열심이었다. 그 동력은 스스로가 변변치 않다고 여겼던 자신들의 이야기가 책이 된다는 기대감과 자신들의 삶과는 거리가 멀다고 여겼던 책에 대한 동경 때문일 것이다.

연필마저도 낯설었던 어르신들은 경험이 없어 처음에는 싫어했던 그림 작업을 나중에는 시간 가는 줄 모르고 하셨단다. 물론 그림은 어떠한 기법도 없이 그분들이 살아오며 관찰하거나 경험한 것을 그대로 그리도록 도왔다. 6개월 동안 매주 어르신들과 글작가, 그림작가, 활동가 각각 세 명이 세 개 팀을 이루어 23권의 그림책을 만들었다. 처음에 27명이 참여했으나 여러 변수로 최종 23명의 '내 인생의 그림책' 23권이 발간되었고, 이는 송정 그림책 마을 찻집에 전시되어 방문객과 만나고 있다.

버스가 하루 세 번밖에 다니지 않는 작은 산골 마을 송정이 그림책 마을이 된 이후로는 해마다 수많은 방문객을 맞이하고 있다. 학교, 도서관뿐만 아니라 책모임이나 지자체, 그리고 가족 단위 방문객들이 송정 그림책 마을을 찾아온다. 사람들은 그림책 마을 찻집에서 마을 주민을 만나고 송정마을 이야기를 듣는다. 송정 그림책 마을 찻집에서는 마을 어른들의 삶을 오롯이 만날 수 있다. 이곳의 이야깃거리, 볼거리, 먹을거리, 놀거리 등 어느 하나 송정마을 주민의 삶과 연관되지 않은 것이 없다.

훈훈한 정을 나누던 시절이 절로 느껴지는 송정마을. 방문 전에 예약하면 차 바구니(차와 보온병, 간식, 마을 지도가 그려진 돗자리, 책 대여)와 마을 할머니들이 만든 도시락, 그리고 마을작가 어르신들이 들려주는 그림책 이야기, 송정마을 산책(이야기가 함께하는 송정마을 9경) 등을 체험할 수 있다.

🏠 https://www.sjpicturebookcafe.co.kr
📍 충청남도 부여군 양화면 양화북로 222번길 13-1

여름, 쉼 한 자락, 힐링 두 자락, 별과 별이 있는
지구별 그림책 마을

충남 금산군 대둔산 아래 자리한 금산 **지구별 그림책 마을**은 "0세부터 100세까지 3대가 함께 읽는 한국 최초의 그림책 마을"이라고 소개한다. 티켓부스를 겸한 전통 솟을대문을 지나면 숲과 나무와 책과 사람이 어우러지는 지구별 그림책 마을이 시작된다.

제일 먼저 눈에 들어오는 건 주황빛 본관 건물이다. 현관에서 신발을 벗고 들어가면 작은 전시 공간으로 쓰이는 복도가 있다. 왼쪽 노란색 벽에는 이영경 작가의 『넉 점 반』(윤석중 글, 이영경 그림, 2004) 그림책 아트 프린트가 전시되어 있고, 오른쪽 회색 벽에는 인

생의 한 부분(임신, 출산, 성장, 삶과 죽음 등)을 나타내는 그림책이 시계를 상징하며 12개의 숫자를 대신한 작품이 있다. 이곳에는 두 개의 작은 도서관 '넉점반 도서관'과 '행복한 도서관'이 있고, 책을 구매할 수 있는 그림책 서점과 2층 높이까지 빼곡하게 책이 꽂혀 있는 북카페가 있다. 이외에도 2층에는 북스테이를 할 수 있는 가족 단위 숙박시설과 북스테이 이용객들이 즐길 수 있는 영화와 음악 감상실이 마련되어 있다.

　　본관을 둘러보고 나오면 노란색 스쿨버스가 보인다. 나무 그늘 아래의 노란색 스쿨버스는 아이들과 여행사진작가들에게 인기가 많은 그림책버스 도서관이다. 아이들이 버스에 올라 책을 읽으면 어른들은 그 모습을 사진에 담느라 바빠진다. 그림책버스 주변에는 동그란 잔디밭의 '아하 정원'과 회양목으로 만들어진 '미로 정원'이 있

다. 아하 정원은 그냥 뛰어놀거나 누워서 하늘을 보거나 고요히 앉아 햇살을 즐길 수 있는 반면, 미로 정원에서는 한가운데 있는 정자로 걸어가는 과제를 수행하게 된다. 미로를 지나 정자에 도착하면 가지고 온 책을 펼쳐서 읽어보자. 특별한 감흥이 일 것이다. 미로 정원을 빠져나와 본관 뒤편에 있는 110년 된 전통 한옥인 '서유당'에도 들러보면 좋다. 어른만을 위한 도서관인 서유당은 공간을 대여하면 따뜻한 전통차 한 잔과 함께 책을 읽으며 고요한 시간을 보낼 수 있다. 대청마루에 올라 바라보는 풍경이 눈과 마음을 평안하게 한다.

하늘 높이 쭉 뻗은 메타세쿼이아 아래 '책 읽는 메다길'을 걸어보자. 비질이 잘 되어 있는 이 길에는 빨강·파랑·노랑 벤치들이 곳곳에 있다. 초록빛 숲길에 놓인 벤치는 잠시 쉬었다 가라며 속삭인다. 앉아서 책을 읽거나 담소를 나누다가 문득 들려오는 새소리와 시냇물 소리가 마음을 맑게 한다.

지구별 그림책 마을 깊숙한 곳에는 운치 있는 한옥이 여러 채 자리하고 있다. 대청마루에 앉아 여유롭게 힐링하고 싶다면 하룻밤 묵어갈 수도 있다. 180년 전통 한옥 '궁구당'을 비롯해 '조양서원', '견문헌', 서유당 등이 있다. 고택에 밤이 찾아오면 캄캄한 하늘에 별이 박혀 있다. 도시에서는 불빛에 잘 보이지 않던 별들이 이곳에서는 쏟아질 듯 빛을 발한다.

쉼 한 자락, 힐링 두 자락, 그리고 별과 별이 있는 금산 지구별 그림책 마을에서 느긋하고 여유롭게 자연이 보여주는 그림책을 즐기고 오면 어떨까.

🏠 http://www.grimbook.net   📍 충청남도 금산군 진산면 장대울길 52

가을, 수탈의 아픔을 간직한 근대 양곡창고의 변신
삼례책마을과 그림책미술관

영국 중부 웨일스에는 세계적인 명소가 된 책마을 '헤이온와이 Hay-on-Wye'가 있다. 쇠락하던 산골 마을에 책을 좋아하던 청년 리처드 부스가 들어와 버려진 집과 고성, 창고를 개조하여 고서점을 만

들었고 지역 사업으로 키웠다. 이 마을에는 특색 있는 고서점을 비롯해 갤러리, 골동품 가게, 식당과 카페, 숙박시설 들이 갖추어져 있으며, 다양하고 특별한 문화 프로그램이 있어 해마다 수십만 명의 관광객이 찾아오고, 100만 권 이상의 책이 판매된다고 한다.

한국에도 헤이온와이와 유사한 **삼례책마을**과 **그림책미술관**이 있다. 이곳에 가면 희귀한 고서와 헌책, 음반을 구할 수 있는데, 특히 한국학 관련 고서와 신문, 전단 사진과 같은 비도서 자료를 보유하고 있어 한국학 연구 중심센터 역할을 기대하고 있다. 1999년에 설립한 '영월책박물관'이 2013년 완주군 삼례로 이전하면서 책마을의 작은 불씨를 지피게 되었고, 2017년 8월 '삼례책마을 문화센터'를 개관하였다. 현재 이곳에는 책박물관, 그림책미술관, 음악자료실, 고서점 호산방, 헌책방과 북카페가 있고, 책마을 인근(약 250미터)에는 '삼례문화예술촌'이 있어 방문객들은 다양한 문화체험을 할 수

있다.

　삼례는 만경강이 흐르는 호남평야의 일원으로 예로부터 많은 곡물을 생산한 대표적인 곡창지대다. 역사적으로는 동학농민혁명 2차 봉기의 장소였으며, 일제 강점기 때는 양곡 수탈의 중심지이기도 했다. 인근 모든 평야지대의 소출을 모아 군산으로 보내는 중간 수탈 기지로 쓰이면서 정미 산업이 발달하게 되었고, 큰 규모의 양곡창고와 근대 농업과 관련된 시설이 들어섰다. 오래된 이 건물과 시설 들은 이후 삼례농협 양곡창고와 비료창고로 이용되다가 리모델링을 거쳐 문화시설인 삼례문화예술촌과 삼례책마을로 조성되었다. 완주군에서는 삼례 양곡창고를 어떻게 활용할까 고민하다가 2013년 삼례문화예술촌을 탄생시켰고 삼례책마을을 조성하였다. 아픈 역사의 현장을 없애기보다는 문화 공간으로 재창출하여 등록문화재로 관리함과 동시에 내부 공간을 현대적으로 리모델링 함으로써 다양한 전시와 공연을 운영하게 되었다. 수탈의 아픔을 간직한 근대 양곡창고가 지식과 문화의 창고가 된 것이다. 외벽의 "불조심", "삼례농협창고", "양곡 안전관리", 농협 마크가 새겨진 문 등 옛 모습이 곳곳에 남아 있어 지역의 역사를 기억하게 한다. 삼례책마을과 그림책미술관은 공간을 통해서 과거를 조망한다. 과거를 조망한다는 것은 과거에 미련을 갖는 것이 아니라 과거를 통해 현실을 바라보고 미래를 내다보는 것이다.

역사를 기억하면서 아름답고 멋스러운 문화의 공간으로 거듭난 삼례책마을과 그림책미술관을 둘러보자. '그림책미술관'은 역사적·문화적으로 가치가 높은 그림책과 그림책의 원화 작품을 수집, 발굴, 전시, 연구하는 목적으로 2021년 5월에 개관하였는데, 1층은 기획 전시 공간으로, 2층은 상설 전시 공간으로 운영된다. 1층과 2층은 어울림 계단으로 연결되어 있으며 관람객의 문화행사 참여와 휴식을 위한 공간이다. 관람객은 〈빅토리아시대 그림책 3대 거장전〉에서 월터 크레인, 랜돌프 칼데콧, 케이트 그린어웨이의 작품을 상설 전시로 만날 수 있고, 1층 기획 전시 공간에서는 〈요정과 마법의 숲〉을 감상할 수 있다. 이 전시에는 개관 기념 기획으로 1940년대 영국 동화작가 G. 그레이브스가 글을 쓰고 아일랜드의 나오미 헤더가 그린 미출간 그림책 원고와 원화가 전시되어 있는데, 그림책미술관에서 출간한 『요정과 마법의 숲』 그림책을 구매할 수 있다. 그림책미술관은 연중 무휴, 무료로 운영된다.

　입구에 '어린 왕자' 조형물이 있는 '북하우스'로 들어가면 1층에는 잔잔한 클래식 음악과 커피 향이 흐르는 북카페와 종이 냄새가 짙은 헌책방이 모여 있고, 벽면에는 오래된 포스터가 전시되어 있어 방문객의 눈길을 끈다. 2층에는 전문 서적과 고서점 '호산방'이 있는데, 서가 곳곳에 1인용 책상과 의자가 있어 책을 볼 수 있다. 한국고서연구회는 고서를 "1959년 이전에 출판된 책"이라고 규정하는데, 희귀성과 보존 상태, 역사적 가치가 높은 고서가 가득하니 고서점 호산방은 고서를 좋아하는 방문객에게는 그야말로 보물창고일 것이다. 추억이 묻은 헌책은 비교적 저렴하게 구매할 수 있으니 서가를 둘러보다 보물 같은 책을 찾아 기념품으로 구매하는 것도 좋겠다.

　이 외에 '책박물관'에서는 〈문자의 바다: 파피루스부터 타자기까지〉 전이 열리고 있으며(2022년 2월 기준), 한국학 아카이브, 전시와

강연 시설을 갖춘 북갤러리도 운영하고 있다. 코로나 19 팬데믹으로 주춤한 상태지만, 삼례책마을은 책과 사람, 그리고 자연이 어우러진 책마을로 가꾸어나가며 고서 판매를 중심으로 각종 도서전과 세미나, 공연 등 다채로운 문화 행사를 지속적으로 펼칠 예정이라고 한다. 삼례책마을이 삼례만의 특색 있고 매력적인 책마을이 되어 영국의 헤이온와이처럼 많은 사람이 찾는 명소가 되길 기대해본다.

삼례책마을　🏠 http://www.koreabookcity.com
그림책미술관　🏠 http://www.picturebookmuseum.com
　　　　　　📍 전라북도 완주군 삼례읍 삼례역로 68

겨울, 따뜻함이 스미는
그림책을 테마로 한 공간

순천시립그림책도서관은 순천시 동외동에 있다. 어린아이부터 어르신까지 전 세대가 함께하는 도서관으로 전시, 공연, 자료, 체험을 통해 그림책을 즐기는 전국 제1호 그림책 전문 시립그림책도서관이다. 일반 책은 모두 정리하고 그림책 관련 도서로만 채워 2020년 12월에 재개관하였다. 이곳은 도서관, 그림책 원화 작품을 전시하는 미술관, 전국 최초로 그림책을 소재로 한 인형극장이 있으며,

책, 전시, 공연 등 세 가지를 결합하여 운영한다. 그림책을 매개로 그림책 샤워, 그림책 학교, 그림책 깊이 읽기, 그림책 만들기, 그림책 밤 소풍 등 다양한 프로그램을 운영한다.

🏠 https://library.suncheon.go.kr

서초그림책도서관은 서울 서초동 대법원 맞은편에 있는데, 서울시 최초의 그림책도서관을 갖춘 문화, 교육, 보육 멀티 공간이다. 감각적인 빛깔의 컨테이너로 만들어 초록색의 그림책도서관, 주황색의 장난감도서관, 노란색의 함께 키움 육아센터를 대형 블록처럼 독립된 공간으로 따로 또 같이 서리풀 어린이광장에 조성했다. 건국대학교 커먼그라운드와 서울숲 언더스탠드 에비뉴를 연상시키는 서리풀 어린이광장의 컨테이너 건축물은 도심 속 자투리 공간을 효율적이고 흥미롭게 만들어 방문객의 호기심을 자극한다. 초록색의 그림책도서관으로 들어서면 밝은색으로 꾸며진 실내에서 동심으로 몽글몽글해진다. 1층에는 빅북 서가와 전시 서가, 소리 놀이터가 있고, 2층에는 문화 프로그램을 진행하는 소극장과 자유롭게 책을 즐길 수 있는 이야기 놀이터, 외부와 연결된 테라스가 있다. 지하철 2호선 서초역과 가까워 대중교통을 이용한 방문을 추천한다.

🏠 https://www.seochocf.or.kr/site/main/content/culture_space_grim_inform

강화 바람숲그림책도서관은 강화군에 있는 사설 그림책 전문 도서관이다. 주소를 검색해 구불구불한 시골길을 따라 들어가다가 "여기가 맞나?" 하고 헷갈릴 때쯤 반가운 도서관 팻말이 보인다. 화살표를 따라 들어가면 산 아래 나무로 지어진 자그마한 2층 별관 건물이 보이고, 그 뒤로 넓은 마당에 햇살 가득한 도서관 본관 건물이 보인다. 도서관 마당에서 주변을 둘러보며 편안하고 아름다운 자연 풍경을 잠시라도 느껴보자. 도서관에 들어서면 벽면을 따라 설치된 서가에는 표지가 보이도록 그림책이 진열되어 있다. 바람숲그림책도서관에서 엄선한 그림책이 어서 오라며 방문객에게 말을 건네는 것 같다. 북카페도 있어 피자와 빵, 간단한 음료를 먹을 수 있고, 마음에 드는 그림책도 구매할 수 있다.

🏠 https://ko-kr.facebook.com/baramsup.picturebook.library/

이 밖에도 지자체뿐만 아니라 개인이 운영하는 그림책을 주제로 한 공간이 늘어나는 추세이다. 그림책이라는 매체는 영유아부터 어르신까지 누구나 부담 없이 즐기고 공감할 수 있기 때문이다. 그림책도서관 외에도 미술관, 공연장, 박물관과 공원 등이 생겨나고 있으며, 그중 2023년 9월 개관한 군포시 **그림책꿈마루**도 주목할 만하다. 이곳은 군포시 한얼근린공원 내 옛 군포배수지를 활용하여 조성 중이며, 도서관Library, 기록관Archives, 박물관Museum이 합쳐진 '라

키비움Larchiveum'을 표방하여 문화적이고 역사적인 자료 수집, 전시, 교육, 연구의 기능을 갖춘 열린 문화 공간으로 조성되었다. 시의 계획에 따르면, 지하층에는 자료실 및 독서 공간, 전시 공간, 수장고, 공연장이 들어서고 지상층에는 카페와 공원을 조성하는 등 그림책 독자이자 관람객, 그림책을 만드는 문화의 주체인 시민들이 즐길 수 있는 신개념 복합문화공간이 될 것이라고 한다.

문득 계절이 달라졌다고 느낄 때, 일상에 감성을 더하고 싶을 때, 세상에서 가장 작은 미술관인 그림책에 빠져보면 어떨까. 그리고 한 걸음 더 내디뎌 세상이라는 그림책 속으로 떠나길 권한다. 감성 충전 사계절 그림책 여행을….

4장

더불어
숲을 꿈꾸며

저것은 절망의 벽이라고 말할 때
담쟁이는 서두르지 않고 앞으로 나아간다.
한 뼘이라도 꼭 여럿이 함께 손을 잡고 올라간다.
푸르게 절망을 다 덮을 때까지
바로 그 절망을 잡고 놓지 않는다.

- 도종환 <담쟁이> 중에서

『하루거리』

김휘훈 지음 | 그림책공작소

외롭다고 힘들다고
왜 말을 못 해?

| 유수진

"이야기 한 자락 들어볼래? 순자가 있었어. 엄마 아빠 일찍 여의고 동생들과 헤어져 큰집에서 더부살이하는 절름발이 순자. 하루거리에 걸려서 하루는 일하느라 바쁘고 하루는 고만 살고 싶어 누워만 있는 순자 이야기야. 그런 순자를 쫓아다니며 어떻게 하면 순자가 하루거리를 떨쳐낼 수 있을지 방법을 알려주는 동무들 이야기야. 순자는 하루거리를 떼어낼 수 있을까?"

『하루거리』는 김휘훈 작가의 첫 번째 그림책으로 작가가 할머니로부터 전해 들은 이야기를 바탕으로 한다. 이야기는 "쟤는 순자야" 하는 소리로 시작한다. 오래된 사진첩을 찬찬히 넘기며 느릿하게 들려주는 할머니의 목소리, 귀엣말로 속삭이며 검지를 보일락 말락 펴서 한 아이를 가리키는 모습이 눈앞에 보이는 듯하다. 목소리와 손가락 끝을 따라가면 동네 아이들과 다르게 언제나 일만 하는, 큰집에서 더부살이하는 순자가 있다.

단춧구멍 같은 눈에 산발을 한 순자와 순자를 물끄러미 바라보는 분이가 그려진 표지는 하얀 여백과 함께 단출하고 편안한 느낌을 준다. 배경 그림이 없어 두 소녀의 표정과 시선에 몰입할 수 있다. 두 소녀의 표정은 "너는 누구니?" 하고 서로에게 묻는 듯하다.

작가는 '하루거리'라는 병을 들어 순자의 외로움과 가난을 다룬다. 하루거리는 옛날 가난하고 청결하지 못한 환경에서 많이 걸리는 학질의 일종으로 하루걸러 아프다 말다를 반복한다고 하여 붙여진 이름이다. 순자는 하루는 "그래도 살아야지" 하다가 다음 날은 "고만 살고 싶다"를 넘나드는 아이다. 잠시도 순자가 노는 꼴을 보지 못하는 큰아버지의 호통치는 모습을 보면 어린 순자의 두려움과 쓸쓸함이 느껴진다. 하루거리는 삶과 죽음을 저울질하는 순자의 또 다른 병인지도 모르겠다.

이야기는 동네 아이들이 순자에게 하루거리를 떼어내는 방법을 알려주는 것으로 재미를 준다. 냄새 나는 화장실에서 삶은 달걀을 먹게 하고, 끈으로 묶어 종일 동네를 돌아다니는 등 저런다고 병이 낫나 싶은 방법으로 순자를 데리고 다닌다. 실제로 전라남도 영암의 한 마을에서는 하루거리를 치료하려는 의례가 있었다고 한다.

그 방법은 이 책에 나오는 것과 크게 다르지 않다. 금계랍이라

ⓒ김휘훈, 그림책공작소

는 매우 쓴 약초를 달여 먹이거나 깜짝 놀라게 하는 것이 그 방안이다. 놀라게 하기 위해 소와 입을 맞추게 하거나 환자를 멍석에 말아서 눕혀두고 소가 환자를 넘어가게 하기도 했다고 한다. 여러 마을에서 공통으로 이야기하는 방법은 공동묘지에서 재주를 넘는 것이다. 다소 터무니없고 우스운 방법이지만, 어떻게든 병을 쫓아버리고 싶은 마음이 담겨 있다.

    이 책의 그림 대부분은 하얀 바탕이다. 하얀 여백은 인물과 인물 사이, 이야기와 이야기 사이에 간격을 두어 글과 그림을 보는 데 자연스레 숨 고르기가 된다. 그런데 몇 장면만은 배경이 펼침면에 가득해 눈길을 사로잡는다. 하얀 여백이 느린 템포의 곡이라면 꽉 찬 배경은 곡의 빠르기와 분위기를 수시로 바꿔가며 연주하는 곡 같다.

펼침면을 가득 채운 첫 번째 장면에서는 동네 아이들이 멍석에 누워 하늘을 바라보며 놀고 있다. 배경은 마을 전경이다. 집집마다 불이 켜져 있고 집과 집을 잇는 거리가 한눈에 들어온다. 평화로워 보이는 집 어딘가 불 꺼진 방 안에 오도카니 있는 순자가 보이는 듯하다.

두 번째는 아이들이 준 가짜 약을 먹고 캄캄한 방 안에서 죽기를 기다리는 순자가 나오는 장면이다. 달빛으로 방문은 하얗게 보이지만 방 안은 순자의 마음처럼 깜깜하다. 달빛에 비춰진 순자는 두 손을 배 위에 모으고 누웠다. 그 주위로 창고를 연상케 하는 물건들이 놓여 있다.

마지막으로 펼침면을 꽉 채운 장면은 순자와 동무들이 멍석에 다 함께 누워 있는 모습이다. 더 이상 마을의 집들이 배경일 필요가 없다. 그 많은 집 어디쯤 어두운 방 안에 누워 고만 살고 싶어 하던 순자는 지금 여기 동무들과 함께 있으니 말이다.

동네 아이들이 내미는 손을 보고도 무표정한 얼굴로 겉돌던 순자가 아이들에게 곁을 내어주는 순간이 있다. 가짜 약을 먹은 다음 날, 순자가 아이들에게 약을 먹었는데도 죽지 않았다고 하자 아이들이 순자에게 "정말 튼튼하다", "넌 쉽게 죽지 않을 아이"라고 하며 "대단하다"고 추어올리는 장면이다. 순자는 이제 병이 무섭지도 않고 혼자가 아니라는 안도감을 느낀다. 지금까지 올려다본 적 없는 별을 올려다보며 아이들과 평상에서 처음으로 논 날, 순자는 비로소 함께 이겨내기를 선택한다.

이 책의 뒷면지와 뒤표지의 그림은 네 아이가 어디론가 걸어가는 모습이다. 그중 한 아이가 뒤돌아서 누군가를 쳐다보고 있다. 두 그림의 인물은 같지만 머리 모양과 옷차림은 다르다. 예나 지금이나 사람들은 상처받고 치유받으며 살아가게 마련이다. 순자가 동무들과 밤하늘의 별을 보았다고 해서 앞으로의 삶이 달라질까? 그렇지 않을 테다. 하지만 순자의 하루거리가 뚝 떨어진 것은 분이가 놓치지 않고 바라보고 있었기 때문이다. 관심이 누군가의 형편을 나아지게 하기는 어려울지 모르지만, 살아가는 이유가 될 수는 있다.

"관종"이라는 말이 있다. 관심종자를 나타내는 말로 타인의 관심에 목말라하며 관심을 유발하려는 행동을 일삼는 사람을 빗대어 이른다. 우리가 사는 세상에 관종이 많다는 것은 무관심한 세상이라는 의미이다. 외로움도 병이 된다. 신문에는 하루가 멀다 하고 삶의 벼랑 끝에 몰려 죽음을 선택하는 사람들의 이야기와 죽음으로 내몰리는 사람들의 이야기가 실린다. 한강을 가로지르는 다리에는 죽음을 선택하려는 사람들에게 언제든지 이야기를 들어줄 테니 전화를 하라는 글귀와 함께 전화번호가 쓰여 있다. 누군가 이야기를 들어준다면 죽음도 이겨낼 수 있다. 외롭다고 느낄 때, 누군가의 손을 잡고 싶을 때 『하루거리』가 내미는 손을 잡아보면 어떨까.

함께 읽어요!

『있잖아, 누구씨』 정미진 글 | 김소라 그림 | 옛눈북스

함께보다 혼자가 좋다지만, 늘 사람들 속에 있기를 바라는 마음이 있다. 옆에 있는 사람보다 스마트폰과의 눈 맞춤이 일상이 된 요즘, 우리에게는 누구씨가 필요하다. 다름이 외로움으로 느껴지는 사람들에게 누구씨를 소개한다.

『돌멩이 수프』 아나이스 보즐라드 지음 | 최윤정 옮김 | 주니어파랑새

이웃에 대한 관심이 공동체를 살리는 이야기이다. 작가 아나이스 보즐라드는 공동체를 유지하는 힘은 서로에 대한 관심과 함께하는 데서 나온다고 이야기한다. 어느 때보다 함께가 중요한 지금 만나볼 만한 이야기이다.

『오늘은 아빠의 안부를
물어야겠습니다』

윤여준 지음 | 모래알

오늘,
안부를 묻다

| 배수경

책을 펼치면 아침을 준비하는 아빠의 뒷모습과 출근하는 엄마, 등교 준비를 하는 아들의 모습이 보인다. 집을 나서는 순서대로 사라지는 가족들의 신발은 남아 있는 아빠의 맨발과 대비를 이룬다. 늦게 일어난 딸마저 아침을 거르고 떠나자, 아빠는 홀로 있는 자신의 신발처럼 외롭게 아침을 먹는다. 하지만 처음부터 그랬던 건 아니다. 1년 전, 아빠는 퇴직을 했다. 처음에 아빠는 가족을 위해 아침을 준비하고 미뤘던 취미 생활도 즐기고 오랜만에 친구도 만나며 여유롭게 시간을 보낸다. 처음으로 딸의 졸업식에도 가며 잘 지내는 것처럼 보이던 아빠는 점점 하루가 길어지기만 하고, 다시 직장을 구할 수 있을지에 대한 고민으로 한숨은 늘어간다.

작가의 실제 이야기를 기반으로 한 이 책은 1년 전 정년퇴직한 아버지의 일상을 딸의 시선으로 담담하게 그려낸다. 언제부터인가 아빠가 비를 맞고 다니는 모습이 딸의 눈에 보인다. 작은 우산을 씌워주는 딸의 손을 거절한 아빠는 비가 많이 오지 않는다는 핑계로 우산 없이 다니며 매번 괜찮다고 말했지만 괜찮지 않았다. 비 오는 소리에 눈을 뜬 딸은 서둘러 우산을 들고 맨발로 뛰어나간다. 역시나 아빠는 노랑과 파랑이 뒤섞인 하늘 아래 쏟아지는 비를 맞고 홀로 서 있다.

"아빠!"

빗속에 우산을 쓴 둘의 모습은 뭉클하다. 색으로 대비된 둘의 맨발은 똑같은 회색이다. 커진 우산처럼 어느새 성장한 딸은 아빠와 우산을 함께 쓴다. 비는 둘이 함께 쓴 우산과 아빠의 주황색 화분에만 내린다.

동양화와 미술이론을 공부한 윤여준 작가는 이야기를 만들고 전시를 기획하는 일을 하면서 처음 이 책을 그리고 썼다. 이 책의 참신함은 절제된 상징과 색의 대비가 주는 묘사이다. 신발은 가족을, 비는 아빠의 내면을, 우산은 변화를, 아침밥은 공감을 상징한다. 또한 무채색 배경 속의 아빠와 딸은 색으로 대비를 이룬다. 아빠의 색은 주황이다. 파자마, 신발, 양말, 넥타이, 서류함, 화분, 후드티셔

츠, 앞치마 모두 주황색이다. 반면 딸의 색은 파랑이다. 티셔츠, 바지, 신발, 베개, 양말, 우산 모두 파란색이다. 작가는 대화마저 색으로 구분한다.

    벽에 걸린 사진 액자는 가족의 시간을 말해준다. 어릴 적 그림 그리기 대회 때도 고등학교 졸업식 때도 아빠는 없다. 퇴직 후 딸의 대학 졸업식에서야 아빠의 모습이 보인다. 그리고 직장에서 가져온 서류박스에서 나온 액자 속에는 동료들과 함께 있는 신입사원 아빠의 모습이 담겨 있다. 지금의 모습이 담긴 경영관리 1팀 사원증과 함께…. 사진 액자 또한 대비를 이룬다.

    아빠는 가족을 든든하게 지켜주는 울타리이다. 슬픈 감정도

삭이고 힘들어도 내색하지 않는 절제된 감정으로 늘 씩씩해야 하는 사람일지도 모른다. 가장의 무게는 가늠할 수조차 없지만 어쩌면 모른 채 하고 싶은 건지도 모른다. 당연한 것은 세상에 없다면서 가족의 역할은 당연시한다. 더구나 오랫동안 하던 일을 그만둔다는 것은 어떤 느낌일까? 소외감, 박탈감, 가족을 부양할 수 없다는 무기력함까지 더해져 오랜만에 맛보는 쉼의 시간이 편치 않을 것이다. 하지만 가족들은 자신의 일상을 여전히 살아가며 아빠의 마음을 읽지 못한다. 그동안 아빠는 비를 맞으며 홀로 서 있는데 말이다.

책 표지의 아빠는 퇴직할 때 가져온 주황색 화분에 정성껏 물을 준다. 책의 곳곳에 이 장면은 자주 등장한다. 어쩌면 화분은 아빠 자신일지도 모른다. 홀로 괜찮지 않은 자신을 돌보고 있었던 것이다. 비를 맞다가도 밥을 먹다가도 말이다. 그리고 이 화분으로 이야기는 마무리된다. 어느 날 일찍 일어난 딸이 아침밥을 함께 먹자며 손을 내민다. 이때 화분을 자세히 보면 이파리 속에서 봉오리와 함께 꽃이 피었다. 비로소 자신을 바라봐준 딸의 시선이 아빠의 마음에 환하게 꽃을 피운 것이다.

힘들 때도 괜찮다고 말하는 우리들의 아빠! 더 이상 쓸쓸해하지 말고 이젠 나와 같이 가자는 싸이의 노래 〈아버지〉처럼 이제 우리가 아빠의 우산이 되어줘야 하지 않을까? 오늘은 아빠의 안부를 물어야겠다.

함께 읽어요!

『아빠의 우산』 이철환 글 | 유기훈 그림 | 대교출판

작가의 실제 이야기를 담았다. 민희네는 분식집 문을 닫고 산동네로 이사 간다. 민희 아빠는 비 오는 날, 지붕 위에 올라가 가족들을 위해 우산을 받쳐준다. 최선을 다한 아빠의 사랑이 감동을 전한다.

『나의 작고 커다란 아빠』 마리 칸스타 욘센 지음 | 손화수 옮김 | 책빛

'노르웨이 가장 아름다운 그림책' 금상 수상작! 마야와 아빠는 먼 바닷가로 휴가를 떠난다. 낯선 곳에서 마야는 길을 잃고 아빠를 기다린다. 때론 아주 작게 때론 아주 크게 변하는 아빠는 딸에게 어떤 존재일지 생각해보자.

『나의 아버지』 강경수 지음 | 그림책공작소

우리 아빠는 늘 뒤에서 어린 나를 지켜준다. 시간이 흐르며 아빠만큼 자란 나는 뒤에 있는 아빠를 잠시 잊기도 한다. 시간이 지나도 변하지 않는 아빠의 사랑을 가득 담은 책이다.

『비에도 지지 않고』
미야자와 겐지 글 | 야마무라 코지 그림
엄혜숙 옮김 | 그림책공작소

함께 살아가는 풍경

| 유주현

〈비에도 지지 않고〉는 〈은하철도 999〉의 원작 『은하철도의 밤』(2015)을 쓴 일본에서 가장 사랑받는 작가 미야자와 겐지의 1931년 유고 시이다. 겐지는 농업학교 교사를 그만두고 시와 동화를 쓰고 농민들에게 비료 상담을 해주면서, 그 시대 어려운 환경과 가난 속에서 그들의 고통을 함께 나누고자 했다. 이 시는 겐지의 이러한 생각이 잘 담겨 있어 여러 나라의 작가에 의해 그림책으로 출간되었다.

시의 주인공은 비에도 바람에도 눈에도 여름 더위에도 지치지 않고 욕심이나 자기 잇속을 따지지 않으며 화내지 않고 조용히 웃으며 남의 일을 잘 돌봐준다. 그는 이웃 간에 다툼이 생기면 달려가 싸움을 말리고 아프고 지친 이들이 있으면 기서 일을 도와주고 죽어가는 이들 옆에서 그 두려움을 함께한다. 가뭄이 들면 눈물 흘리고 냉해로 식량을 걱정하는 이들을 위해 허둥대는, 모두에게 멍청이라 불리면서도 칭찬도 미움도 받지 않는 그런 사람이 되고픈 인물이다. 작가는 시라는 형식을 빌려 그가 살아가는 현실과 살아가고픈 삶을 고백적인 어조로 써 내려갔다.

애니메이션 감독 출신인 야마무라 코지가 그린 그림책에서는 광활하고 척박한 농촌 풍경을 배경으로 묵묵히 힘든 일을 도맡아 하는 한 남자의 여정이 한 편의 영화처럼 펼쳐진다. 얼굴과 표정이 드러나지 않는 주인공은 모자를 눌러쓰고 가방을 멘 채, 비가 오나 눈이 오나 기쁘고 슬프고 반갑고 안타까운 소식을 전달하는 우편배달부로 형상화된다. 어떤 날씨에도 소식을 전달하는 우편배달부처럼 마을의 모든 송사를 알고 있으면서도 마을 사람들과 기쁨과 슬픔을 함께 나누고 그들의 어려운 삶과 함께하는 주인공의 모습이 드넓은 마을 풍경 속에서 펼쳐진다.

표제지에는 한 남자가 등장하고 독자는 이 남자를 따라가며 책을 읽는다. 주인공이 마을 사람과 반려동물을 바라볼 때는 1인칭 시점으로, 마을 풍경을 배경으로 그가 어떤 삶을 사는지 이웃의 아픔을 어떻게 바라보고 있는지를 보여줄 때는 관찰자 시점으로 그린다. 이웃의 모습은 주인공이 가까이 마주 서서 바라보듯 정면을 향해 있고, 그들의 표정이나 형편, 삶의 고통은 근거리에서 부각시켜 보여준다. 1인칭 시점으로 그린 장면에서 독자는 화자의 눈으로 화

자가 이웃에게 느끼는 아픔에 공감하게 된다. 작은 초가집에서 "현미 네 홉과 된장과 채소를 조금 먹"으며 고양이, 강아지, 생쥐와 공존하는 주인공의 집 또한 근거리에서 구체적으로 묘사하며 남자의 소박하고 욕심 없는 삶을 강조한다.

 그림책의 페이지를 분할하지 않고 펼침면 전체를 한 장면으로 하여 드넓게 펼쳐진 마을 풍경 속에서 인물의 감정과 표정이 아닌 마을 주민을 돕고 그들과 함께하는 인물의 행동이 영화를 보듯 독자에게 전달된다. 그림틀 없이 펼침면 전체에 마을 풍경이 펼쳐지면 독자는 그림에 더 깊이 빠져들게 되고 주인공과 같은 시점으로 이웃을 바라보게 된다. 이웃의 아픔에 눈물 흘리는 남자의 모습이 직접

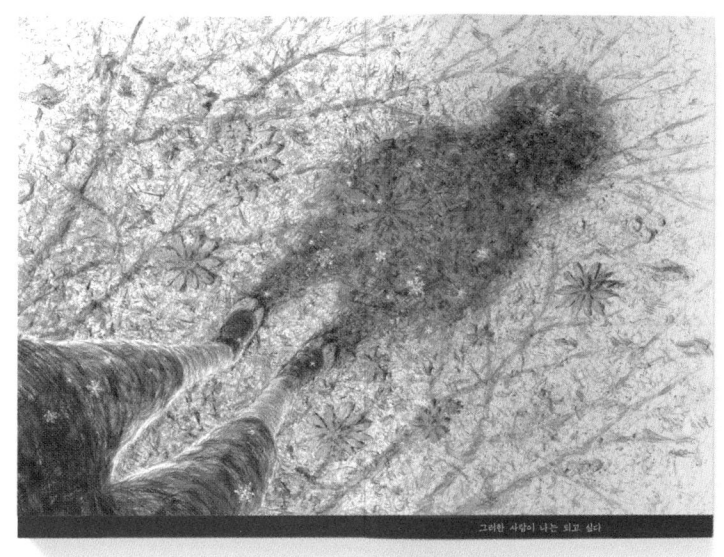

드러나지 않지만, 언덕에 올라 가뭄에 고통받는 마을을 하염없이 바라보는 주인공의 뒷모습이 애처롭다. 그리고 마지막 장에 "그러한 사람이 나는 되고 싶다"라는 주인공의 고백에서는 자신의 발을 내려다보며 의지를 굳건히 하는 1인칭 화자의 시점으로 돌아온다.

시는 주인공의 바람, 희망을 노래하고, 그림은 주인공이 이웃과 더불어 살아가는 삶을 카메라 속 프레임에 담듯 그려낸다. 시는 고백적인 어조로 자신이 살아가고픈 삶을 노래하지만 그림에서는 주인공 내면의 목소리를 전달하기 위해 1인칭 시점과 관찰자 시점을 교차로 사용한다. 또한 연필과 색연필을 이용하여 마을 풍경과 이웃의 생활상을 구체적으로 세밀하게 그려 작가가 살아가던 시대의 농촌 풍경이 독자에게 생생하게 전달되고, 그 속에서 살아가는 인물의 삶이 현실적으로 다가온다.

독자는 그림책을 매개로 글작가와 그림작가가 만든 세계를 경험한다. 가보지 못한 공간, 살아보지 못한 세계, 알지 못하는 이웃의 삶을 마주한다. 이 작품은 독자에게 "비에도 여름 더위에도 지지 않고 늘 조용히 웃고 화내지 않으며" 이웃과 함께 살아가는 한 남자를 바라보면서 그처럼 살아가자고 속삭인다.

함께 읽어요!

『비에도 지지 않고』 미야자와 겐지 글 | 유노키 사미로 그림 | 박종진 옮김 | 여유당
세계적인 염색가인 유노키 사미로의 그림에서는 한지에 색을 물들인 것처럼 다양한 농도의 굵고 화려한 선과 색으로 배경을 없애고 인물의 표정을 중심으로 이야기를 전개한다.

『비에도 지지 않고』 미야자와 겐지 글 | 곽수진 그림 | 이지은 옮김 | 언제나북스
볼로냐아동도서전에서 1등을 수상한 곽수진 작가의 그림책에서는 강렬한 초록색 화면 속에 한 명의 주인공이 아닌 다양한 주인공이 옴니버스 형식으로 이야기를 펼친다.

『나무 도장』

권윤덕 지음 | 평화를품은책

가슴에 새겨진
문진

| 김명희

제주는 바람과 눈물의 섬이다. 거뭇거뭇한 현무암에 뚫린 구멍만큼이나 도민들의 애환과 아픔 또한 휑하게 뚫려 있는 곳. 역사의 굴곡마다 주류 사회에서 추방된 인물들이 걸었던 유뱃길. 뭍이 토해낸 인물들은 땅 설고 물설은 이곳에 뿌리를 내리며 살아냈다. 그래서일까. 제주의 바람은 늘 느닷없고 수시로 방향이 바뀐다. 바람이 불면 부는 대로 가슴에 스미는 눈물의 흔적조차 내 몸의 일부처럼 쓰다듬어 어떻게든 살아냈던 곳. 바람 잘 날 없는 제주가 역사의 급물살을 타고 소용돌이에 휘말린 것은 70여 년 전의 일이다.

1945년 해방의 기쁨도 잠시, 제2차 세계대전에서 패배한 일본이 물러난 자리에 미 군정軍政이 들어서면서 제주는 새로운 국면을 맞는다. 1947년 3·1절 기념 행사는 군중 시위로 이어졌는데, 경찰의 말발굽에 아이가 치어 죽는 사고가 발생했다. 경찰의 '관덕정 발포 사건'으로 여섯 명이 죽고 여덟 명이 다쳤다. 이에 분개한 남로당은 경찰에 대항하여 조직적인 투쟁을 벌였고 사태는 제주도 총파업으로 치달았다. 미 군정은 군정 수뇌부를 모두 외지인으로 교체하고, 경찰과 서북청년단 등을 대거 파견하여 사태 진압에 나섰다. 1948년 4월 3일, 남로당을 주축으로 한 무장대가 반란을 일으키자, 미 군정과 정부군은 국방경비대에 진압 작전을 명령, '빨갱이'로 몰린 제주 사람이 수없이 죽어 나갔다. 이후 1954년 9월 21일까지 이어진 무력 충돌과 진압 과정에서 무고한 주민이 희생되는 참사가 빚어졌으며, 이를 '제주 4·3사건'이라 한다.

권윤덕의 그림책 『나무 도장』은 제주 4·3사건 당시 있었던 '빌레못 굴의 학살'이라는 실화를 바탕으로 만들었다. 생후 7개월이 안 된 아기를 바위에 던져 죽인 참혹한 사건을 주요 모티브로 삼되, 문학적 허구로 '시리'라는 아이를 살려냄으로써 화해와 용서의 가능성을 모색한다. 어린 시리가 손에 꼭 쥐고 있던 '나무 도장'의 의미는 무엇일까? 민간인이 학살된 곳에서는 꼭 도장이 발견된다고 한다. 절체절명의 순간에 아이에게 도장을 쥐어준 것은 가족들이 다 죽어도 그 아이가 누구의 핏줄인지를 알려주는 것이기에 그것은 살아남은 자의 존재 증명과도 같은 것이리라.

열세 살 소녀 시리는 자신을 낳은 어머니의 제삿날, 키워준 어머니와 함께 동굴에 들어가 세 살 때 있었던 이야기를 전해 듣는다. 토벌대의 일원이었던 외삼촌이 죽은 엄마의 품속에서 자신을 구하고 지금의 엄마가 정성껏 키워준 일, 오늘이 엄마의 제삿날임을 알게 된 것이다. 이 엄청난 사실 앞에서 시리는 나무 도장을 꼭 쥔 채 "집을 향하여" 발걸음을 서두른다. 그런 시리를 보며 독자들은 안도의 한숨을 내쉬며 가슴을 쓸어내린다. 아, 시리는 어떻게든 살아내겠구나.

여는 글과 함께 펼쳐지는 첫 장면은 꿈과 희망으로 부풀어 있다. 작가가 『나무 도장』을 그리면서 가장 공들인 장면이라고 한다. 1946년 6월 5일의 흑백사진을 참고해서 그린 이 장면은 해방을 맞이하여 배를 타고 고향 제주로 돌아오는 사람들의 기쁨과 설렘으로 가득하다. 얼굴 가득 웃음꽃이 피었다. 거동이 불편한 어머니를 업은 사람, 책 보따리와 옷궤를 들고 아기를 업은 사람. 하지만 그런 기쁨도 잠시, 책장을 넘기면 탱크와 총을 앞세운 국방색의 군인들이 제주로 들어오고 있고, 제주 사람들은 그들에 맞서 하얀 깃발을 흔들며 관덕정 광장에 서 있다. 이어 총성이 울리고 많은 사람이 탄압에 저항하면서 쓰러지는 장면으로 이야기가 시작된다.

"제주 4·3사건으로 희생된 모든 분께 바칩니다"라는 작가의 헌사 앞에서 잠시 옷깃을 여미며 숙연한 마음으로 본문의 첫 장을 넘긴다. 시리 어머니의 제사상과 함께 검은 돌담길에 뚝뚝 떨어진 동백꽃은 이름도 없이 스러져간 넋들의 행진처럼 처연하다. 봄이 오기도 전에 눈 속에서 피는 동백꽃. 따뜻한 봄기운이 감돌 무렵 마주치는 동백꽃의 낙화는 떨어져 누운 꽃잎의 생생함으로 보는 이를 진저리 치게 한다.

『나무 도장』에서는 바닷물을 밟고 저벅저벅 걸어 들어오는 무장 군인들의 섬뜩한 모습이 지면을 가득 채운다. 반면 학교에서 가을 운동회를 즐기다가 봉변을 당한 학생들의 모습과 빨갱이로 몰려 죽어간 주민들의 모습은 너무도 작고 초라하여 분노와 슬픔을 자아낸다. 총구를 등지고 선 사람들의 힘없는 뒷모습은 눈 뜨고 마주하기 힘들다. 파란 테두리에 갇힌 하얀 절망의 빛, 여인의 옷자락을 잡고 몸을 숨긴 아기. 작가는 작품의 이미지를 온전히 담기 위해 누런색 한지에 동양화 물감을 썼다. 호분으로 햇빛을 표현하고 죽음을 상징하는 푸른색도 호분을 칠한 후 덧칠하여 맑고 서늘한 느낌을 살렸다고 한다. 흔히 파란색은 안정, 젊음, 희망, 영원을 상징하는데, 왜 굳이 학살 장면과 그들이 쓰러지면서 뿜어내는 피의 색깔을 파란색으로 표현했을까? 그림책을 휘감는 파란색의 이미지는 읽는 이의 가슴을 서늘하게 물들인다. 면지에 넘치는 제주 바다의 물결에서도 파란 슬픔이 묻어난다. 하지만 권윤덕은 죽음과 슬픔 너머를 내다본 것 같다.

그림책의 마지막 장을 넘기면서 덴마크 작가 이자크 디네센의

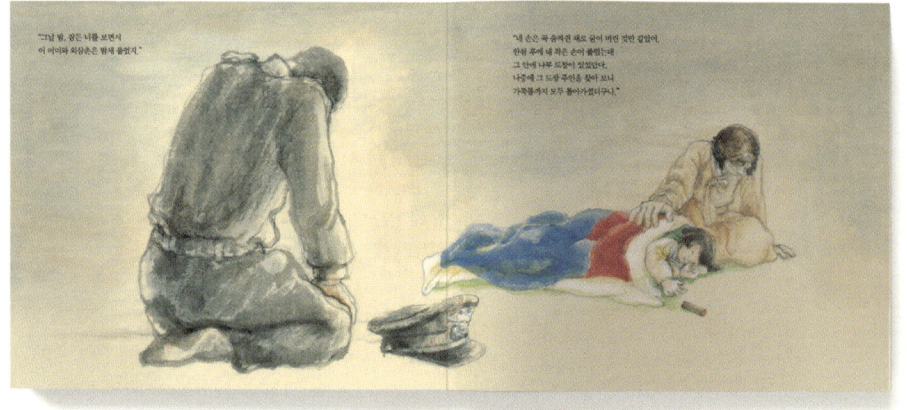

말이 생각났다. "모든 슬픔은 당신이 그것을 이야기로 만들거나, 그 것들에 관해 이야기를 할 수 있다면, 견뎌낼 수 있다."

권윤덕은 사람들이 외면하는 아프고 끔찍한 역사와 마주하며, 당시 사람들이 겪어냈을 아픔과 상처를 표현하기 위해 오랜 인고의 시간을 보냈다고 한다. 더 이상 묻어두어서는 안 되겠기에 작가의 소명으로 많은 고증과 모니터링을 거쳐 2년 반 만에 그림책을 완성했다. 이 책을 세상에 내놓은 것은 그 아픔을 위로하고 용서와 화해, 평화로 나아가기 위함이리라. 이 그림책이 제주 사람들 가슴에 깊이 박힌 아픔과 상처받은 영혼을 위로하는 따뜻한 말 걸기가 되었으면 좋겠다. 그리고 우리 함께 그 아픔을 공유하고 다독일 수 있었으면 한다.

함께 읽어요!

『작별하지 않는다』 한강 지음 | 문학동네
제주 4·3사건 때 가족을 잃은 생존자의 투쟁을 기록한 장편소설이다. 잊어서는 안 될 존재들에 대한 처절한 기록이다.

『테우리 할아버지』 현기영 글 | 정용성 그림 | 헌북스
테우리는 "소를 기르는 사람"이라는 뜻의 제주 사투리다. 제주 4·3사건 때 수많은 제주 사람과 소들이 떼죽음을 당한 아픈 역사를 담고 있다. 현기영의 단편소설 『마지막 테우리』를 바탕으로 해 어린이 그림책으로 다시 만들었다.

『무명천 할머니』 정란희 글 | 양상용 그림 | 위즈덤하우스
제주 4·3사건 당시 어린 소녀였던 진아영은 총탄에 턱을 잃고 평생 무명천으로 얼굴을 가린 채 살아야 했다. 비극적인 역사가 한 사람의 인생을 얼마나 피폐하게 만들 수 있는지 실감하며, 역사의 거울 앞에 한동안 서 있게 만드는 그림책이다.

『엄마에게』

서진선 지음 | 보림

분단이 낳은 아픔,
그리운 엄마에게

| 백화현

　에리 데 루카의 소설 『나비의 무게』(2012)에는 이런 장면이 있다. 자욱한 안개 속에서 사냥꾼이 멋진 야생염소 한 마리를 발견하여 방아쇠를 당기자 염소는 벼랑 끝에서 버둥거리다 아래로 추락한다. 그런데 난데없이 새끼염소 한 마리가 어미의 뒤를 쫓아 허공으로 몸을 날린다. 깜짝 놀란 사냥꾼은 달려 나와 벼랑 아래를 본다. 어미는 중간 턱에 걸려 다시 버둥거리고 새끼염소는 어미 곁에 서 있다. 그러다 어미가 버티지 못하고 더 깊은 절벽으로 굴러떨어지자 새끼는 또다시 어미를 쫓아 몸을 날린다. 사냥꾼이 그들을 찾아 절벽 아래로 내려왔을 때, 어미는 숨이 끊어졌고 새끼는 슬프디슬픈 눈망울로 어미 곁을 지키고 있다. 사냥꾼은 새끼를 홀로 남겨둔 채 어미를 짊어지고 산을 내려온다.

 읽은 지 1년이 넘었음에도 이 장면은 떠올릴 때마다 가슴이 미어질 듯 아프다. 서진선 작가의 『엄마에게』 또한 그런 작품이다. 읽을 때마다 가슴이 시큰거리고 에일 듯 아프다. 어미 염소는 죽었기에 차라리 다행일 수 있다. 다시 만나리란 헛된 희망은 품지 않아도 될 테니 말이다. 그러나 가용의 엄마는 살아 있음에도 만날 수가 없다. 사냥꾼보다 힘세고 나쁜 사람들이 그들 사이를 가로막았다. 이 슬픔을 이 그리움을 어찌해야 할까.
 『엄마에게』는 장기려 박사 둘째 아들 가용이 이야기이다. 한국 전쟁 당시 평양까지 치고 올라갔던 국군이 중공군에 밀려 후퇴할 때 장기려 박사는 둘째 아들 가용만 데리고 잠시 남쪽으로 피난을

©서진선, 보림

온다. 아빠를 따라온 가용은 두 달만 있으면 엄마와 가족들 곁으로 돌아갈 수 있으리라 믿는다. 그러나 달이 가고 해가 바뀌어도 그런 일은 일어나지 않는다.

아빠는 남쪽에 내려와서 더 바쁘다. 전쟁으로 많은 것이 파괴된 부산에는 피난민이 들끓고 병자가 넘치지만 누구도 손을 쓰지 못한다. 장기려 박사 역시 무일푼으로 힘이 없었지만 다행히 몇몇의 도움으로 천막과 의료기기를 얻어 간이병원을 차린다. 환자는 끝도 없이 몰려들지만 모두 찢어질 듯 가난하여 진료비를 낼 수 없다. 장기려 박사는 그들을 하나하나 다독이며 밥 먹는 것도 잠자는 것도 잊은 채 혼신을 다해 치료한다.

가용은 그런 아빠에게 아무런 말을 할 수 없다. 병원 심부름을 해주다 혼자서 밥을 먹고, 옥탑방 난간에 기대 하염없이 바다를 바라보며 엄마를 그리워한다. 갈 수 없는 그곳, 만날 수 없는 엄마, 엄마가 좋아하던 노래 〈봉선화〉를 부르면 엄마가 더 보고 싶다.

장기려 박사에 관한 책은 여러 권 있다. 그의 뛰어난 의술과 가난한 이들을 향한 끝없는 애정과 헌신, 이에 관한 수많은 아름다운 일화 등은 이미 여러 작가에 의해 널리 소개되었다. 그러나 장기려 박사 뒤에 서 있던 작은 아이 가용에게 깊은 시선을 던진 작가는 서진선이 처음이다.

그는 모두가 주목하는 성자 의사 장기려 박사를 우러르면서도 그 뒤에 가려 잘 보이지 않던 어린 가용을 발견하곤 아이에게서 눈길을 떼지 못한다. 에리 데 루카처럼 가녀린 '새끼'에게 맘이 더 쓰인 것이다. 그의 시선은 이렇듯 나직하고 따스하다.

그림도 그렇다. 직선조차 모난 데가 없고 무채색 계열이 주를 이루고 있음에도 푸근하다. 비뚤거리는 직선과 둥근 모서리의 어리숙한 선들은 외로운 어린 가용과 바보 의사 장기려를 닮았다. 갈색과 회청색 바탕 위에 그린 노란 불빛과 연초록의 풍성한 이파리, 그 잎 사이사이 조롱조롱 달려 있는 살구빛 봉선화 꽃송이들은 전쟁의 아픔과 상처 속에서도 포기하지 않는 인간성, 엄마와 고향에 대한 간절한 그리움과 소망으로 읽힌다. 과장 없는 담백한 선과 색이

건만 그림은 통째로 가슴에 스며들어 요동친다.

　남북 이산가족의 만남이 추진될 무렵 정부는 장기려 박사에게 특별 만남을 주선하려 했지만 그는 본인만 특혜를 받을 수 없다며 거절했다고 한다. 그는 인터뷰에서 자신이 이러저러한 일을 할 수 있었던 건 신앙의 힘이 컸지만, 자신이 불쌍한 이웃을 위해 일하는 만큼 북에 남겨두고 온 아내와 아이들도 누군가의 도움을 받으리라 믿었기 때문이라 했다. 그토록 가슴에 사무친 가족이지만 그는 끝내 아무도 만나보지 못한 채 1995년 눈을 감는다. 그나마 다행인 것은 가용은 훗날 이산가족 만남을 통해 파파 할머니가 된 엄마를 만난다. 그러나 짧은 만남 끝의 이별, 서로의 볼을 하염없이 어루만지면서도 그들은 또다시 헤어져야만 했다.

　남북 분단과 이산가족 문제는 우리 모두가 풀어야 할 과제이다. 우리가 나약했을 때 강대국에 의해 저질러진 일을 남의 일인 듯 모른 척할 수는 없다. 앞서 소개한 『나비의 무게』의 사냥꾼은 이후 야생염소 사냥을 그만둔다. 새끼 염소의 슬픈 눈망울을 잊을 수 없었기 때문이다. 사냥꾼은 아닐지라도, 우리 역시 이 아픔으로부터 자유로울 수 없다. 서진선은 유독 그 아픔을 깊이 느끼는 듯하다. 그럼에도 짓눌리지 않고 의연하게, 따스하고 담담한 눈길로 마주한다. 그렇기에 『엄마에게』가 더욱 진정성 있게 다가오고, 그 파동은 오래도록 계속될 듯하다.

함께 읽어요!

『선생님, 바보 의사 선생님』 이상희 글 | 김명길 그림 | 웅진주니어

가난하고 병든 이들을 자식처럼 돌보고 치료하는 장기려 박사의 어진 성품을 부드러운 필선으로 잘 그려내었다.

『할아버지의 감나무』 서진선 지음 | 평화를품은책

한국전쟁 중 자신이 죽인 소년 인민군을 평생 떨쳐내지 못하는 할아버지의 이야기이다. 소년병이 쥐고 있던 먹다 남은 감과 주머니에 있던 엄마에게 쓴 편지. 할아버지는 속죄라도 하려는 듯 산속에서 감나무만 심는다.

『나비의 무게』 에리 데 루카 지음 | 윤병언 옮김 | 문예중앙

이탈리아 국민작가 에리 데 루카의 소설로 산양왕과 산양왕을 잡으려는 사냥꾼의 팽팽한 대결이 긴장감 있게 펼쳐진다. 문장이 시처럼 간결하고 아름다우며 깊은 통찰과 예지로 빛난다.

『그리고 사람들은 집에
머물렀습니다』

키티 오메라 글
스테파노 디 크리스토파로·폴 페레다 그림
이경혜 옮김 | 책속물고기

팬데믹 시대,
희망을 노래하다

| 오현아

2019년 12월 8일 중국 우한에서 원인을 알 수 없는 폐렴 환자가 발생했다. 이 지역을 중심으로 환자가 급속도로 늘어나자 도시를 폐쇄하는 고강도 방역과 통제를 시행했으나, 그럼에도 불구하고 다른 지역과 인근 국가로의 유입은 막을 수 없었다. 이 새로운 바이러스는 첫 발생 보고 두 달 만에 여섯 개 대륙으로 퍼져나갔으며, 곧이어 세계적인 팬데믹을 불러왔다. 'COVID-19'라 명명된 이 바이러스는 두려움과 혼란을 머금은 채 거대한 폭풍처럼 사회로 밀고 들어와 평범하고 당연한 일상을 멈춰 세웠다. 사람들은 집에 머물며 혼란한 시기를 인내하고 익숙한 일상 대신 낯선 방식의 삶을 받아들여야 했다. 어떤 이는 책을 읽고 또 어떤 이는 글을 쓰며 분리된 공간에서 각자의 시간을 채워나갔다. 음악을 듣고 그림을 그리

고 춤을 추고 식물을 키우고 내면에서 울리는 이야기에 귀를 기울이며 저마다의 시간을 쌓아갔다.

『그리고 사람들은 집에 머물렀습니다』는 팬데믹 시간을 살아가는 사람들의 경험과 위험이 사라진 팬데믹 이후를 노래한 시 그림책이다. 이 책은 키티 오메라의 〈그리고 사람들은 집에 머물렀다 And the People Stayed Home〉라는 산문시와 두 그림작가의 현대적인 그림이 조화를 이룬 그림책으로 팬데믹 시대에 대한 위로와 희망을 담았다.

키티 오메라는 《오프라 매거진》에 의해 "팬데믹의 시인"이라는 칭호를 얻었다. 전직 교사이자 은퇴한 목사로 위스콘신 매디슨 외곽에 머물며 뉴스를 통해 매일 전해지는 유행병 소식을 보면서 몇 달 동안 쌓이게 된 불안의 부산물을 글로 적었다고 한다. 키티 오메라가 불안에 빠진 자신과 친구들을 위로하려고 앉은 자리에서 단번에 써 내려갔다는 무제의 이 산문시는 온라인에 게시되자마자 폭발적인 반응을 불러일으켰고, 사흘 만에 소셜미디어를 통해 세계로 퍼져나갔다. 작가의 시는 세계 사람들의 관심과 사랑 속에 공유되며 팬데믹 사회에서 고립된 사람들에게 희망과 위로를 주었고 마침내 치유의 힘을 지닌 시 그림책으로 나오게 되었다.

시의 구절과 어우러진 단순한 형태로 표현된 이 책의 그림들은 감각적이고 현대적이다. 그림작가 스테파노 디 크리스토파로와 폴 페레다가 함께 작업했는데, 한 작가의 그림처럼 자연스럽다. 또한 낮

©카티 오메라, 스테파노 디 크리스토파로를 베꼈다, 책속물고기

 은 채도의 파스텔 톤 배경은 그림책 독자를 편안하게 해 시의 의미에 더 가까이 다가가게 한다. 그림작가는 책에서 짧게 소개된 것처럼 모두 베네수엘라 출신으로 스테파노 디 크리스토파로는 현재 멕시코에 살며 일러스트레이터와 디자이너를 겸하고 있고, 폴 페레다는 스페인 마드리드에 살며 주로 게임 개발에 참여하는 일러스트레이터이다. 스테파노 디 크리스토파로와 폴 페레다는 이 그림책으로 처음 한국에 소개된 그림작가이기 때문에 이들의 다른 그림 작품을 보려면 더 기다려야 할 것 같다.

　코로나19 바이러스는 인간의 생존을 위협했고 슬픈 일들도 겪게 했지만, 멈추고 좌절하기보다 멈춤으로써 주위를 살피고 치유의 시간을 갖게도 했다. 사람들이 집에 머물게 되면서 자신만의 리

듬을 찾고 자기만의 색깔로 집을 변화시키며 소중한 시간을 보내는 법을 배우기 시작했다. 사람들은 인생의 우선순위를 알게 되었고 습관적으로 해온 일 중 많은 것이 필요 없다는 사실도 알게 되었다. 사람들은 전 지구적 재난을 겪으면서 더 나은 방식을 고민하게 되었다.

집단적인 재난을 통과하는 동안 휴식과 회복, 성찰의 시간을 가지며 우리는 성숙해졌다. 하지만 재난을 통과하고 나면 우리에게 과거의 일상이 다시 돌아올 것이고, 소중한 것이 무엇인지 우리는 또다시 잊을지도 모른다. 그래서 우리가 겪은 인간적인 경험과 희망적인 미래를 키터 오메라는 시로 기록해놓은 게 아닐까.

함께 읽어요!

『함께』 루크 아담 호커 지음 | 김지연 옮김 | BARN

끝을 알 수 없는 코로나19 팬데믹이라는 시련을 우린 함께 겪고 있다. 건축가 출신 신예작가의 구조적이고 섬세한 일러스트가 철학적인 문장과 어우러져 깊은 공감을 끌어낸다.

『이렇게 멋진 날』 리처드 잭슨 글 | 이수지 그림·옮김 | 비룡소

이수지 작가가 그린 세 남매는 억수같이 비가 쏟아지는 날을 '이렇게 멋진 날'로 만든다. 아름다운 색감과 뛰어난 묘사가 환상적인 그림책을 만들었다.

『마음챙김의 시』 류시화 엮음 | 수오서재

코로나19로 인한 팬데믹 사회에서 아픈 마음을 위로하는 시 모음집으로 류시화 시인이 엮은 마음 챙김의 시들 속에 〈그리고 사람들은 집에 머물렀다〉도 들어 있다.

『나무를 심은 사람』
장 지오노 글 | 프레데릭 백 그림
햇살과나무꾼 옮김 | 두레아이들

황무지에서 숲을 꿈꾼 엘제아르 부피에, 나무를 심은 사람

| 백화현

　짧은 이야기 속에 깊은 울림이 있는 작품은 시공을 초월하여 많은 이에게 사랑받는다. 장 지오노의 『나무를 심은 사람』이 그렇다. 1953년 미국의 한 편집자로부터 '실존 인물로 잊을 수 없는 사람'에 대해 써달라는 부탁을 받고 쓴 이 원고는 작중인물 엘제아르 부피에가 실존 인물이 아니라는 이유로 퇴짜를 맞고 말지만, 같은 해 《리더스 다이제스트》에서 발표하며 단숨에 많은 이의 마음을 사로잡는다.

　내용을 간추리면 이렇다. '나'는 젊은 시절 알프스 산악지대를 여행하다 해발 1200~1300미터 지대에서 끝도 없이 이어지는 황무지를 지나게 된다. 물이 떨어져 사방을 헤매며 물을 구하러 다니지만 폐허가 된 마을의 샘은 바짝 말랐고 주변에 생명체라고는 없다.

자칫 생명마저 위험하던 순간, 고원 위 저 멀리에 있는 한 형체를 발견해 그의 도움을 받는다.

엘제아르 부피에, 양치기 노인이었다. 노인은 젊은 날 평지에서 농장을 운영하며 아내와 아들과 살았지만 아들이 죽고 이어 아내마저 세상을 떠나자 이 고원으로 올라왔다고 한다. 딱히 할 일이 없었던 그는 물이 있을 만한 곳을 찾아 샘을 파고 황무지에 도토리를 심기 시작했단다. 달리 중요한 일도 없었기에 나무가 없어 죽어가는 이곳을 바꾸어보기로 한 것이다. 매일매일 튼실한 도토리 100개를 정성껏 골라 심기 시작한 지 3년, 10만 개의 도토리 중 2만 개가 싹을 틔웠다. 황무지 일부에서 변화가 일기 시작한 것이다.

'나'는 이듬해 발발한 제1차 세계대전에 참전하느라 그를 까맣게 잊고 지내다 수년이 지난 어느 날 그가 생각나 다시 그곳을 찾는다. 그런데 삭막하던 고원 일대가 온통 숲으로 변해 있다. 참나무뿐 아니라 자작나무 숲도 울창하고 벌 떼도 윙윙거린다. 숲 덕분에 마을의 말라붙어 있던 도랑에도 졸졸졸 물이 흐른다. 전쟁 와중에도 엘제아르 부피에는 하루도 빠짐없이 100개씩 나무 씨앗을 심었던 것이다.

이후에도 노인은 나무 심는 일을 멈추지 않는다. 10년, 20년, 30년…. 숲은 나날이 울창해지고 갖가지 생명이 날아와 둥지를 튼다. 마을도 살아나 사람들이 모여들고 아이들 웃음소리와 축제 소

리가 끊이지 않는다. 사람들은 그 숲을 누가 만든 것인지 모른다. 그냥 저절로 만들어진 줄로만 안다. 노인은 이를 묵묵히 지켜보며 1947년 요양원에서 평화로이 숨을 거둔다.

화려한 수사나 밑줄 치고 싶은 문장이 있는 것도 아닌데 이 작품은 감동의 파고가 엄청나다. 자연의 위대한 힘에 가슴이 먹먹해지고 엘제아르 부피에의 지침 없는 '무사무욕'의 행위에 마음 깊은 곳에서 파문이 인다. 산업화와 함께 물질문명을 좇기에 바쁜 우리는 자연을 그리워하면서도 그 힘을 과소평가하고는 한다. 자본주의가 팽배한 이 시대의 우리는 '무사무욕'이 아닌 '경쟁심(또는 욕심)'을 최대치로 끌어올려야 한다는 압박감에서 벗어나지를 못한다.

장 지오노는 화자인 '나'처럼 고산시대를 여행하다 황무지에 나무를 심어 숲을 가꾼 양치기 노인을 만났다고 한다. 『나무를 심

ⓒ장 지오노, 프레데릭 백, 두레아이들

은 사람』은 이에 영감을 얻어 초고를 쓴 후 20년 동안 퇴고를 거듭해 1953년에 발표한 것이라 하니, 단편이지만 결코 짧은 이야기가 아니다. 이처럼 혼신을 쏟아 만든 작품임에도 장 지오노는 이에 대한 저작권을 포기한다. 세상의 많은 이들이 이를 쉽게 읽을 수 있도록 길을 열어놓은 것이다.

덕분에 이 작품은 곧바로 세계 곳곳에서 소설로 번역 출간되었을 뿐 아니라 다양한 일러스트가 입혀져 그림책으로도 출간된다. 한국에서는 1993년 새터에서 이정혜의 삽화가 담긴 그림책을 첫 출판한 후, 1995년 두레에서 마이클 매커디의 판화를 곁들인 청소년용 책을 선보이고, 2002년 두레아이들에서 프레데릭 백이 그림 작업을 한 그림책을 소개한다. 각각의 책들이 나름대로 의미 있지만 그림은 프레데릭 백의 것이 압권이다.

아카데미 단편영화상을 두 번이나 수상한 프레데릭 백은 『나무를 심은 사람』을 읽고 크게 감동을 받아 자신이 꼭 그림 작업을 하고 싶었다 한다. 해서 당시 일하던 '라디오-캐나다'와 손잡고 이를 애니메이션 영화로 제작한다. 그가 5년여에 걸쳐 2만여 장에 달하는 그림을 일일이 직접 그리다가 한쪽 눈을 실명하고 말았다는 얘기는 널리 알려진 일화이다. 그림책에 실린 그림들은 그 그림들 가운데 글 내용에 해당하는 것들을 뽑아 다시 작업한 것이다.

백의 그림은 형체의 선이 뚜렷하지 않다. 강조해야 할 얼굴선이나 표정 등은 명료하지만 옷자락이나 등허리의 선, 지붕과 담장 등은 흐리거나 뭉개져 있다. 경계를 분명히 하는 또렷한 선에 익숙한 사람은 답답하고 불편할 수 있다. 하지만 경계가 없기에 황무지의 거센 바람이 곧바로 우리 몸으로 파고들고, 바람 따라 노래하는 숲의 속삭임이 바로 곁에서 들리는 듯하다. 또한 나와 너, 자연과 인간, 영혼과 육체가 뚜렷이 분리되어 있기보다는 거대한 우주 또는 신 안에서 함께 융화되어 있는 듯한 느낌을 받는다. 이는 엘제아르 부피에의 죽음을 다룬 마지막, 펼침면 전체를 차지하는 회청색 하늘과 하나가 되어 그가 사라져가는 장면에서 절정을 이룬다.

장 지오노의 『나무를 심은 사람』은 글만으로도 충분히 감동적이다. 자연과 평화를 사랑하고 깊은 도덕심을 추구한 작가의 삶과 정신이 고스란히 담긴 이 작품은 소설 이상이다. 이에 더해 한쪽 눈을 실명하기까지 하며 그린 그림들이 그 뜻과 아름다움을 증폭시키고 있으니 경외심마저 인다. 황무지에서 숲을 일궈낸 엘제아르 부피에와 그를 우리에게 선물해준 장 지오노와 프레데릭 백에게 감사하다. 매일매일 나무를 심을 순 없을지라도, 인간성에 대한 믿음과 겸허, 그리고 숲을 꿈꿀 용기를 얻은 것만으로도 가슴이 벅차오른다.

함께 읽어요!

『나무를 심은 사람』 장 지오노 지음 | 마이클 매커디 판화 | 김경온 옮김 | 두레

마이클 매커디의 판화도 좋지만, 부록으로 실린 상당한 분량의 편집자와 옮긴이의 작품 해설 및 잘 정리된 장 지오노 연보가 돋보인다.

『장 지오노, 나의 아빠』 알린 지오노 글 | 실비 지오노 그림 | 홍은주 옮김 | 하늘고래

딸의 눈에 비친 장 지오노는 어떤 사람일까? 경건할 것만 같은 장 지오노의 익살스럽고 천진한 이면이 적나라하게 묘사되어 재미나다.

『위대한 강』 프레데릭 백 지음 | 햇살과나무꾼 옮김 | 두레아이들

프레데릭 백의 애니메이션 〈위대한 강〉을 그림책으로 엮은 것이다. 『나무를 심은 사람』과 반대로 생명의 근원인 위대한 강이 인간에 의해 망가져가는 모습을 묘사하고 있다.

『마지막 거인』

프랑수와 플라스 지음 | 윤정임 옮김
디자인하우스

침묵을 지킬 수는 없었니?

| 손효순

온갖 문신이 그려진 뒷모습의 거인과 그 거인을 쳐다보는 작은 사람의 모습이 대비되는 표지는 신비로움을 넘어 경이로움과 궁금증을 자아낸다. 미지의 세계를 여행하는 듯한 표지는 옛날 책의 촉감을 느낄 수 있도록 천과 같은 질감을 사용하여 눈으로 먼저 보고 손으로 쓰다듬어보게 한다.

아! 너무도 익숙한 그 목소리가 애절하게 말했습니다.
"침묵을 지킬 수는 없었니?"

그러나 책장을 넘기자마자 마주하는 묵직하면서도 애절한 글 귀는 누군가의 절규로 들린다. 작품의 화자이자 주인공인 지리학자아치볼드 레오폴드 루트모어는 바닷가에서 늙은 어부에게 산 주먹 크기의 치아 안쪽 면에 새겨진 미세한 지도를 발견하고 그 지도에 그려진 흑해의 원천인 거인족의 나라를 찾아 떠난다.

우여곡절 끝에 찾아간 낙원 같은 거인족의 나라에서 다섯 남자와 네 여자, 모두 아홉 거인을 만나 자연과 조화를 이루며 열 달을 함께 지내고 본국으로 돌아온다. 지리학자는 거인족을 세상에 알리고픈 열망으로 거인들에 관한 책을 출간한다. 그 결과 거인들을 찾아 나선 인간들에 의해 잡혀 오던 숭고한 거인 안탈라의 익숙한 목소리가 애절하게 들리고 아홉 거인은 결국 죽음을 맞는다.

주인공이 고백하듯 이어지는 말투를 중반부까지 무심히 따라가다 보면 역경을 헤쳐나가는 모험담 한 편을 듣고 있는 듯하다. 그러다 거인족을 만나 거인의 모습을 묘사한 부분에서는 표지에서 느꼈던 신비로움과 경이로움이 되살아난다.

본문의 재생지와 익숙하지 않은 서체인 산돌성경체는 오래된 이야기라는 느낌과 함께 신비스러운 분위기를 풍기는 거인의 이야기와 잘 어우러진다. 왼쪽 면에는 글이, 오른쪽 면에는 그림이 실린 본문은 글을 먼저 읽고 그림을 찬찬히 보게 하는데 글과 그림에 모두 집중하게 하는 효과가 있다.

거대한 배경에서 모자를 쓰고 연미복을 입은 작은 인간의 모습을 찾아보는 재미도 쏠쏠한데, 거인을 만난 후 더 작아 보이는 인간의 모습은 거대한 자연 앞의 티끌 같은 인간을 의도적으로 표현한 듯하다. 특히 수채화 기법의 펜화는 거인과 대자연을 조화롭고 아름답게 표현해 글과 그림이 한 몸을 이루는 수작으로 탄생하였다.

이 그림책으로 작가는 1995년 프랑스문인협회가 선정한 아동도서 부문 대상을 수상하고, 국제어린이도서협의회 명예도서로 선정되는 등 좋은 호응을 얻었다. 또한 프랑스 아동문학 비평가들로부터 찬사를 받으며 어린이 도서 부문을 비롯하여 많은 상을 받았을 뿐만 아니라, 독일, 벨기에, 미국 등 많은 나라에서 번역되어 읽히고 있다.

책의 뒤쪽에는 생명다양성재단 대표이며 『생명이 있는 것은 다 아름답다』(2022)의 저자인 최재천 교수의 서평이 실려 있다. 최재천 교수는 이 책을 읽고 묵직한 메시지를 전달받았다고 한다. "스스로 자기 집을 부수고 있는 인간들에게"라는 경험에서 우러난 감동적인 서평 역시 본문만큼이나 인상적이다. 그는 서평에서 "별을 꿈꾸던 아름다운 아홉 명의 거인들과 명예욕에 사로잡혀 눈이 멀어버린 못난 남자의 불행한 만남"을 이야기하며 아름다운 거인은 자연이고 못난 남자는 말할 것도 없이 우리들로 해석하며 자연은 숨겨줄 때 인간의 품속에서 편안히 있음을 강조한다.

이 책과 더불어 수잔 제퍼스의 그림책 『시애틀 추장』(2013)을 읽고 나면 좀 더 많이 갖기 위해 자연을 줄곧 파괴해온 우리의 생활

방식을 근본적으로 되돌아보게 된다. 시애틀 추장의 말로 이어지는 자연 파괴에 대한 경종의 목소리는 과거, 현재, 미래를 아우르며 우리에게 무분별한 환경 파괴를 멈추라고 말한다.

우리는 아는 것을 말하고 싶어서 입이 근질근질한 것을 참기 힘들다. 나만 아는 정보나 주제에 대해서는 더 그렇다. 그것이 가져올 결과는 생각하지 못한다. 소셜미디어에 난무하는 아름다운 곳을 찾아가지 않으면 나만 소외되는 것처럼 넘치는 정보 속에서 유영한다. 그러는 이유는 더 나은 삶을 살고자 함인데 역설적이게도 우리가 그렇게 할수록 자연은 "침묵을 지킬 수는 없었니?"라고 말하는 거인의 애절한 목소리처럼 제발 스스로 자기 집을 부수지 말라고 부탁한다. 책장을 덮고 나서도 더욱 깊이 우리 마음에 파문을 일으킬 만큼 여운이 남는다.

함께 읽어요!

『시애틀 추장』 수잔 제퍼스 지음 | 최권행 옮김 | 한마당
100년도 훨씬 전 아메리카 인디언 추장의 절박한 메시지를 통해 인간과 자연은 한 몸이므로 자연 파괴를 멈추어야 한다고 경고한다.

『백두산 이야기』 류재수 지음 | 보림
우리 민족을 위해 다시 깨어날 백두거인의 이야기를 백두산의 탄생 설화를 바탕으로 그려낸다. 우리 민족 고유의 정체성과 백두산이 우리 민족에게 주는 의미도 일깨워준다.

『잠시만요 대통령님』
제르마노 쥘로·알베르틴 지음
정혜경 옮김 | 문학동네

제르마노 쥘로와 알베르틴,
개인의 사회적 역할을 묻다

| 백화현

 독서는 가던 걸음을 멈추게 하는 힘이 있다. 무엇 때문에 그리도 바쁜지 우리의 발걸음은 늘 종종거린다. 이런 우리에게 작가들, 특히 삶을 깊이 통찰하여 웅숭깊은 이야기를 들려주는 작가들은 "잠깐만요"라고 말을 걸며 우리의 발걸음을 멈춰 세운다. 그리고 찬찬히 뒤도 돌아보고 옆도 살펴보게 한다. 제르마노 쥘로와 알베르틴은 이 일을 놀랍도록 잘해낸다.

 둘은 스위스에서 활동하는 작가 부부이다. 상업대학을 졸업한 후 회계사 일을 하던 제르마노 쥘로는 1996년부터 알베르틴과 함께 그림책 작업을 하며 2002년에는 회계사 직을 그만두고 작가로서의 활동을 활발히 하고 있다. 알베르틴은 남편과의 공동 작업 외에도 예술대학에서 학생들을 가르치고 다른 작가들과 협업하는 등 일러스트레이터로서 폭넓은 활동을 하고 있다. 이 부부는 『잠시만요 대통령님』(2017), 『나의 작고 작은』(2017), 『토요일의 기차』(2013), 『작은 새』(2013), 『높이 더 높이』(2012) 등 여러 권의 그림책을 함께 펴냈는데, 『작은 새』는 2012년 《뉴욕타임스》 올해의 최고 일러스트 상을 수상하고, 『나의 작고 작은』은 2016년 볼로냐아동도서전 라가치상을 받았다.

이들의 작품에는 여백이 많다. 글은 시처럼 짤막하고 그림 역시 간결하고 명쾌하다. 어떤 작품은 채색 없이 펜과 연필만을 사용하기도 하고, 어떤 작품은 핵심 소재에만 채색이 되어 있다. 또 온전히 채색할 경우에도 명도와 채도가 높은 원색이 주를 이뤄 밝고 상쾌하다. 이렇다 보니 얼핏 단순하고 싱겁게 느껴지기도 한다. 그러나 페이지마다 한두 문장이나 두어 마디씩 쓰인 글을 연결해 읽다 보면 의미의 파장이 끝없이 일어난다. 더욱이 그림과 맞춰 읽다 보면 '대체 왜 이 글에 이런 그림을?' 하는 의문이 생겨나며 몇 번이고 다시 들여다보게 된다. 이처럼 이들 작품의 행간에는 수많은 미로가 있다.

『잠시만요 대통령님』 역시 그렇다. 시원한 연둣빛 잔디와 스카이블루 색 유리창이 아름다운 대통령궁 집무실의 기다란 파란 책상 앞에 검은 슈트를 차려입은 대통령이 앉아 있다. 그 앞에는 빨간색 표지의 수많은 서류 더미가 있고 비서는 따르릉대는 전화통과

결재할 서류들, 그리고 약간의 간식을 대통령에게 내민다. 이어 이곳저곳에서 동시다발적으로 울려대는 전화벨, 각 부처 장관과 자문위원 들의 긴급 보고와 끝없는 요구 사항, 언론사에서 급박히 전하는 '괴물 출현 뉴스'. 넋이 나간 대통령은 엄마에게 전화를 한다, 무얼 어찌해야 할지 모르겠다며. 엄마는 "다 잘 될 거다"라고 위로를 하며 어서 와서 저녁을 먹자고 한다. 주방 벽지는 샛노란색, 식탁과 조리대는 핑크색, 바닥은 민트색, 엄마의 말소리는 진한 핑크색. 엄마에게만큼은 언제나 어린 아들인 대통령에게 딱 맞는 분위기이다. 대통령은 괴물 대응 관련 회의를 후다닥 끝내고 "괴물은 잘 진압되었다"는 거짓 성명을 발표한 후, 따듯한 저녁을 먹이고자 애타게 기다리고 있는 엄마에게 달려간다. 저녁을 먹으면서 아들은 '괴물 일이 걱정된다'고 속내를 털어놓지만 엄마는 한결같이 "네가 세상을 구할 거다! 엄마 말 믿고, 밥부터 먹자!"라며 아들을 격려한다. 이때 괴물은 초콜릿 케이크 조각처럼 생긴 엄마 집 지붕을 걷어내고 아들과 엄마를 들어 올린 후 입을 쫙 벌린다. 이 와중에도 상황을 인지하지 못하는 엄마는 "디저트로는 초콜릿무스를 먹자꾸나"라고 천연스레 말하며 이야기는 끝이 난다.

　이 작품은 쓱 읽으면 어김없는 정치 풍자다. 등장하는 정치인들 모두 권력욕은 있으나 진정성이 없고 무능하다. 그들은 처리 곤란한 일들은 죄다 '바로-저-위' 호수에 던져버린 후 태연히 직무를 계속한다. 대통령도 똑같다. 대통령이라는 사람이 엄마만 찾고 있는 데다 거짓 성명으로 국민을 기만하기까지 한다. 대체 이런 사람들이 어쩌자고 그 직책을 차지하고 있는지 어이가 없다.

그러나 글과 그림을 맞춰가며 다시 읽다 보면, 오랫동안 엄마로 살아온 탓인지 스멀스멀 질문 하나가 기어 나오며 기분이 언짢아진다. 대통령도 인간인 만큼 그 내면에는 어린아이가 있을 수 있고, 엄마가 이것을 그대로 인정해주고 격려해주는 것이 잘못된 것인가? 왜 이토록 비꼬아놓았지? 그러다 또다시 읽어보면 또 다른 질문들이 꼬리를 물고 이어 나온다. 특히 괴물, 바로-저-위 호수에서 자라난 괴물은 무얼 의미하는 것일까? 바로-저-위 호수는 어디 있는 것이지? 그들은 처리 곤란한 것들을 모두 그 호수에 던져 넣은 뒤 은폐하고는 했다. 그 방치와 무능과 무책임을 먹고 괴물은 쑥쑥 자라 건물을 부수고 탱크를 짓밟으며 시민들을 위험에 빠뜨리고 대통령과 그 엄마를 집어삼킨다. 작가는 무슨 말을 하고 싶은 것일까?

'BTS'의 RM(김남준)은 미니 6집 "페르소나"에서 개인적 자아인 김남준과 사회적 자아인 RM 사이에서 갈등하는 자신을 있는 그대로 드러냈다. RM은 세계적인 대스타이기에 좀 더 힘겨울 수 있겠지만, 사실 이런 갈등은 누구나 겪는다. 인간은 자기 안에 개인적 자아와 사회적 자아가 있어 그 둘이 충돌하고는 한다. '나'는 온전히 개인적인 나로서만 살고 싶지만, 태어남 자체가 부모 없이는 불가능한 데다 '사회'와 무관하게 살아갈 수 있는 사람은 없기에, 인간에게 그런 일은 허용되지 않는다. "페르소나"에서 RM은 이를 깊이 이해하고 있는 듯 보인다. 그래서인지 그는 팽팽한 긴장감 속에서 그 둘을 밀고 당기며 멋진 조화를 보여준다.

그러나 『잠시만요 대통령님』의 인물들은 그렇지 못하다. 개인적 자아에게만 지나치게 치중한 데다 그 자아마저도 탐욕과 안일, 무관심으로 진정성을 잃어버렸다. 더구나 골치 아픈 문제는 죄다 호수에 던져버린 후 모른 척한다. 대통령과 그를 둘러싼 인물들, 그리고 엄마까지도 똑같다. 괴물은 이런 사회 어느 곳에서든 출현할 수 있다. 기후변화와 인종차별과 전쟁범죄 등 이미 그 괴물은 한둘이 아니다. 이는 대통령과 정치인만의 책임은 아니다. 엄마는 엄마로서 더없는 사랑을 주었지만, 괴물을 키우고 함께 잡아먹히고 말았지 않은가. 개인적 자아에게만 매몰되어 사회적 역할을 다하지 못할 때 누구에게든 일어날 수 있는 일이다. 『잠시만요 대통령님』은 이 불편한 진실을 천연덕스럽게 보여주며 독자 스스로 질문하게 한다.

함께 읽어요!

『높이 더 높이』 제르마노 쥘로 글 | 알베르틴 그림 | 조정훈 옮김 | 키즈엠

갑자기 부자가 된 벼락 씨와 차곡차곡 돈을 모아 부자가 된 차곡 씨가 경쟁하듯 집을 지어 올리며 높이 더 높이 올라가려는 이야기. 섬세한 펜화에 해학과 풍자가 넘친다.

『작은 새』 제르마노 쥘로 글 | 알베르틴 그림 | 이준경 옮김 | 리젬

아직 날개도 펴지 못하는 작은 새를 발견해주고 날갯짓을 가르쳐준 아저씨와 그 아저씨를 들어 올려 하늘을 날게 해준 작은 새. 얼핏 식상한 이야기인 듯싶지만 그림과 글을 찬찬히 음미하다 보면 행간에서 무수한 이야기들을 만날 수 있다.

함께 즐겨요!

늦게 피어난 꽃, 시니어 그림책을 주목하다

| 백화현

    우리 사회에서 '시니어 그림책'이라는 용어가 언제부터 쓰이기 시작했는지 정확히는 모르겠지만, '시니어 그림책'이라는 명칭을 사용하여 그림책을 출간한 출판사는 '백화만발百花晩發'이 처음이지 싶다. 2020년 1월 초, 백화만발에서는 『할머니의 정원』, 『엄마와 도자기』, 『선물』을 선보였는데, 이 그림책 표지에는 '시니어 그림책'이라는 용어가 명기되어 있고 본문 뒤 면지에는 「시니어 그림책」 시리즈 기획 의도가 소개되어 있다.

    물론 내용상 '시니어 그림책'이라 할 만한 그림책은 이전부터 있었다. 그러나 이들 중 대다수는 '그림책'이라는 큰 범주에 속해 있어 이들만의 명칭이 따로 없거나, 2015~2018년 나한기획에서 기획 출판한 「해피&힐링 세대공감 실버동화 시리즈」처럼 '실버동화'라 명명되거나, 부여 송정 그림책 마을 어르신들의 그림책처럼 '어르신 그림책' 또는 '노년 그림책'이라는 용어로 불려왔다. '그림책' 또는 '어른 그림책'이라고 해도 충분할 것 같은데 굳이 '시니어 그림책' 또는 '노년 그림책'이라고 이름 붙이는 이유는 무엇일까? 이번 기회에 그 이유와 함께 시니어 그림책의 다양한 모습과 의미를 조명해보고자 한다.

왜 시니어 그림책인가?

아직 '그림책'에 대한 개념과 정의조차 통일된 것이 없는 마당에 어른 그림책 나아가 '시니어 그림책'을 따로 분류해 말하기가 조심스럽다. 하지만 우리 사회가 점점 고령화되는 데다 어른 시기 중에서도 노년 시기는 사회에서 주역을 맡던 청장년 시기와 달리 신체적으로나 사회적으로 또 경제적인 면에서 급격한 변화가 일어나는 때인 만큼 독서 문제에서도 '시니어'를 중장년과 따로 떼어 접근할 필요가 있다.

2020년 통계청 자료에 의하면 한국의 65세 이상 인구 비율은 15.7퍼센트이고, 2025년에는 20.3퍼센트가 될 거라고 한다. 일반적으로 65세 이상 인구 비율이 7퍼센트 이상인 경우를 '고령화사회'라고 하는데, 한국 사회는 이미 고령화사회를 넘어 초고령사회로 진입한 것이다. 그런데 이렇게 큰 비중을 차지하고 있는 노인 세대가 경제적인 어려움과 함께 심리적으로 불안정하고 우울하다면 개인뿐 아니라 사회적으로도 크나큰 불행이다. 독서가 이 모든 문제를 해결할 수는 없겠지만 그 존재를 위로하고 일으켜 세우는 데 상당한 역할을 할 수 있지 않을까?

사람은 누구나 지적 욕구가 있고 그 욕구가 채워질 때 그 무엇으로도 맛보지 못한 충만감과 자부심을 느낀다. 마음이 헛헛하고 위축된 노인에게 이런 충만감과 자부심은 어떤 약보다 효과가 큰 치료제일 수 있다. 특히 문학은 위로와 격려, 치유의 힘을 갖고 있다. 그리고 읽어내기만 한다면 누구에게나 그 힘을 아낌없이 발휘하고는 한다. 문학은 삶의 이야기이고 인간의 감정을 섬세히 그려내기에 지식책과는 달리 우리의 마음을 울고 웃게 하는 것이다. 더욱 이 책들을 혼자 읽는 게 아니라 가족 또는 친구, 봉사자 등 누군가와 함께 읽으며 느낌을 나누고 마음속 얘기를 할 수 있다면, 가족과 사회로부터 버림받았다는 느낌, 곧 소외감으로부터도 해방될 수 있다.

그런데 이러한 문학이 어린이나 청소년을 대상으로 할 때 작가는 분량, 어휘, 표현 면에서 그들의 눈높이에 맞추려는 노력을 기울인다. 하지만 어른을 대상으로 할 경우 독자에 대한 배려를 거두어 버린다. 거의 모든 작가가 자기가 쓰고 싶은 대로 쓰고 표현하고 싶은 대로 표현한다. 때문에 대체로 시는 짧지만 이해하기가 어렵고,

소설은 분량도 많은 데다 말이 어렵고 표현도 복잡해 독서를 아주 잘 하는 어른들 아니고서는 선뜻 손을 내밀기가 어렵다. 젊은 날 책을 멀리한 시니어가 뒤늦게 문학을 접하려면 어찌해야 하는 것일까?

　책을 즐겨 읽던 사람들도 나이가 들면 독서가 어려워진다. 시력이 나빠져 작은 글자들을 읽어내기가 어려울 뿐만 아니라 젊은 날과 달리 몸이 쉬 굳어져 책을 오래 붙잡고 있을 수 없기 때문이다. 하물며 책을 잘 읽지 않던 이들은 오죽하겠는가. 이런 이들에게 '어른'이라는 이유로 글자는 작고 분량은 많으며 내용까지 어려운 책을 권한다면 독서를 할 수 있을까? 문화체육관광부가 발표한 「2019년 국민독서실태 조사」에 따르면, 한국의 65세 이상 연평균 독서율은 21.2퍼센트이다. 곧 노인 다섯 명 중 네 명이 1년에 단 한 권의 책도 읽지 않는다는 것이다. 책을 읽지 않는 이들만 탓할 문제는 아니다. 이들이 책을 읽지 않는 이유를 살펴보고 그들이 좀 더 쉽게 독서의 세계로 접근할 방법을 마련해줄 필요가 있다.

　'시니어 그림책'에 주목하고자 하는 것은 이런 이유 때문이다. 그림책은 문학과 그림이 어우러져 큰 감동을 불러일으키는 예술 매체이다. 그것은 연령을 초월해 누구든 쉽게 다가갈 수 있게 해준다. 글이 못다 한 이야기는 그림이 말을 하고 그림이 못다 한 것은 글이 말한다. 대체로 글자가 크고 분량도 적어 읽기에도 편하다. 그림만 봐도 감정이 몽글몽글 피어오르고 행복해진다. 이런 그림책, 그중에서도 시니어 세대가 더욱 공감할 만한 소재와 주제를 담은 '시니어 그림책'이라면 그들을 어렵지 않게 책으로 이끌 수 있고 감동을 선물할 수 있지 않겠는가.

시니어 그림책의 세 가지 유형과 작품

시니어 그림책을 말하려면 그 정의부터 살펴야 할 텐데, 현재 이에 대한 공식적인 정의나 논의가 없다 보니 나름대로 정하여 사용할 수밖에 없다. 해서 "시니어 그림책은 시니어를 내포독자로 한, 시니어의 삶과 문제를 다룬 그림책"으로 정의할까 한다. 그리고 이에 따라 시니어 그림책의 유형을 세 가지, 곧 첫 번째 유형, 어린이의 시각에서 시니어의 삶과 이슈를 그린 그림책, 두 번째 유형, 어른의 시각에서 시니어의 삶과 이슈를 그린 그림책, 세 번째 유형, 어르신들의 실제 경험을 바탕으로 쓰고 그린 그림책으로 분류하여 그 작품들을 들여다본다.

먼저 첫 번째 유형인 '**어린이의 시각에서 시니어의 삶과 이슈를 그린 그림책**'의 예를 들자면, 2005년 보림에서 출간한 이혜란의 『우리 가족입니다』와 2009년 글로연이 선보인 김인자의 『책 읽어주는 할머니』를 꼽을 수 있겠다. 이 그림책들은 어린이 그림책처럼 글밥이 적고 분량도 32쪽 안팎인 데다 어린이가 등장하여 어린이의 눈으로 이야기를 풀어간다는 점에서는 여느 어린이 그림책과 다를 바 없다. 그러나 전자는 치매 증상이 있는 할머니를, 후자는 글을 읽지 못하는 할머니를 주인공으로 그들의 삶과 이슈를 담고 있어 어린이 그림책이면서 시니어 그림책에도 속할 수 있는 작품이다.

이런 특징을 보이는 그림책은 꽤 많다. 몇 작품만 소개하면, 『할머니가 남긴 선물』(마거릿 와일드 글, 론 브룩스 그림, 1997), 「옥이네 이야기: 할머니, 어디 가요?」 시리즈(조혜란, 2007~2010), 『책 고치는 할아버지』(김정호 글, 김주경 그림, 2016), 『할머니 주름살이 좋아요』(시모나 치라올로, 2016), 『메리』(안녕달, 2017), 『하지만 하지만 할머니』(사노 요코, 2017), 『기억의 풍선』(제시 올리베로스 글, 다나 울프카테 그림, 2019), 『할아버지의 뒤죽박죽 이야기』(잔니 로다리 글, 베아트리체 알레마냐 그림, 2020) 들이다. 이들은 앞서 소개한 두 작품처럼 어린이가 등장하여 어린이 시각으로 이야기를 전개하지만 중심인물은 할머니, 할아버지이기에 시니어를 내포독자로 삼기에 좋다. 이러한 책들을 할머니, 할아버지에게 권하거나 읽어드린다면 책에 관심이 없던 분들도 책을 좋아하게 되고 가족의 화목에도 도움이 될 듯하다.

다음으로 두 번째 유형인 **'어른의 시각에서 시니어의 삶과 이슈**

를 그린 그림책'을 살펴보자. 이는 또다시 함축성이 강한 시적인 것과 현실성이 강한 서사적인 것으로 나눌 수 있는데, 전자는 외국 작가의 작품이, 후자는 국내 작가의 작품이 두드러진다.

전자에 해당하는 작품을 간추리면, 노년이 되어 비로소 꿈을 실현하는 『바다로 간 화가』(모니카 페트 글, 안토니 보라틴스키 그림, 2002), 이별에 대한 두려움을 위트 있게 풀어나간 『이름 짓기 좋아하는 할머니』(신시아 라일런트 글, 캐드린 브라운 그림, 2004), 바닷속 집 추억의 방들을 층층이 헤엄치며 그리움을 달래는 『할아버지의 바닷속 집』(히라타 겐야 글, 가토 구니오 그림, 2010), 사별한 남편을 상상을 통해 만나며 행복해하는 『누가 상상이나 할까요?』(주디스 커, 2017), 혼자서 죽음을 맞은 아버지에 대한 회고를 담은 『까치밥나무 열매가 익을 때』(요안나 콘세이요, 2020) 등이다. 모두 어른의 관점에서 시니어의 삶과 이슈를 담고 있는데 대체로 글은 시처럼 함축성이 짙고 그림이 많은 이야기를 하고 있다. 때문에 독서가 서툰 어르신들에게는 다소 어렵게 느껴질 수 있지만, 그림책을 잘 아는 사람들과 함께 읽거나 가만가만 마음으로 들여다보면 그 심미성에 빠져들어 행복감을 느낄 수 있을 것이다.

그리고 후자에는 제주 4·3사건의 아픔을 지니고 살아온 테우리 할아버지의 삶을 그린 『테우리 할아버지』(현기영 글, 정용성 그림, 2014)와 은퇴 후 삶의 리듬을 잃은 아버지의 안부를 걱정하는 『오늘은 아빠의 안부를 물어야겠습니다』(윤여준, 2020), 그리고 『살구꽃 필 무렵』(박상재 글, 양세륜 그림, 2016)과 『춤추는 방글 할머니』(박현숙 글, 백서율 그림, 2017)와 같은 나산기획의 몇몇 실버동화와 백화만발에서 시니어를 주인공으로 그들의 삶과 이슈를 담아낸 『복순의 꿈은 배우였다』(배수경 글, 김주희 그림, 2021), 『풋감으로 쓴 시』(오현아 글, 엄정원 그림, 2021), 『쑥부쟁이』(시우, 2021)와 같은 「시니어 그림책」 시리즈를 꼽을 수 있겠다. 이 작품들은 모두 시니어의 현실적인 삶을 서사성 짙은 이야기체로 그려내고 있어 시니어 세대의 공감을 불러일으키고 그들을 위로하고 격려하기에 좋을 성싶다.

마지막으로 세 번째 유형인 **'어르신들의 실제 경험을 바탕으로 쓰고 그린 그림책'**이다. 이 역시 다시 둘로 나눌 수 있는데, 하나는 어르신 본인이 직접 쓰고 그린 경우이고, 다른 하나는 어르신의 이야기를 토대로 기성 작가가 쓰고 그린 경우이다.

전자는 지자체나 도서관 또는 평생학습관의 지원을 받아 시민단체나 독서활동가들이 어르신들을 도와 만든 그림책이 많은데, 대표적인 예가 부여 '송정마을 그림책'이다. 이 그림책은 총 23권이나 되는데, 부여군 양화면 송정마을에서 2015~2018년에 진행된 '그림책 읽는 마을 찻집' 조성 프로젝트 중 '내 인생의 그림책' 프로그램을 통해 생겨났다. 이를 책임졌던 '그림책미술관시민모임(대표 한명희)'

에서는 4년여에 걸쳐 마을 어르신들에게 그림책을 읽어주는 일부터 시작하여 얘기 나누기, 그림 그리기, 글쓰기를 차차 진행했다고 한다. 연필과 책을 잡은 지가 까마득한 어르신들의 손을 잡아주며 한 발 두 발 걸음을 뗄 수 있게 한 사람들이나 그들을 믿고서 그 낯설고 서툰 걸음을 끝까지 포기하지 않은 마을 어르신들 모두 가슴이 시큰할 만큼 감동적이다.

이와 유사한 책으로는 길작은도서관 김선자 관장이 함께하여 탄생한 곡성 서봉마을 어르신들의 시 그림책 『눈이 사뿐사뿐 오네』(김막동 외, 2017)와 이야기 그림책 『꽃을 좋아한게 그림마다 꽃이여』(김막동 외, 2021)가 있고, 순천그림책도서관이 평생학습 프로그램으로 진행하여(글 지도 김순자, 그림 지도 김중석) 세상에 나온 순천 할머니들의 그림일기 『우리가 글을 몰랐지 인생을 몰랐나』(권정자 외, 2019)가 있다. 이는 도우려는 이와 배우려는 이의 지극한 정성이 함께 빚어낸 더없이 아름답고 귀한 그림책들이다. 이러한 작업이 세상 곳곳에서 펼쳐진다면 어르신들의 삶이 4월의 나무처럼 풋풋하고 싱그러워지지 않을까 싶다.

이밖에도 어르신이 직접 쓰고 그린 책에는 기성 작가 못지않은 솜씨로 독자에게 충격과 감동을 선물한 『고향에서 놀던 때가 그립습니다』(이재연, 2019)와 『그림 그리는 할머니 김두엽입니다』(김두엽, 2021)처럼 개인 작업물이 있는가 하면, 아흔 살 아버지의 이야기와 그림을 담아 딸이 함께 만든 『쑥갓 꽃을 그렸어』(유춘하·유현미, 2016) 처럼 가족이 협업한 작품도 있다. 백발이 성성한 나이에 그림 그리기에 빠지고 그림책 작업까지 하는 어르신, 연로한 아버지와 그의 기운을 북돋아 그림책 작업을 함께한 딸, 이들의 결과물도 놀랍고 아름답지만 그 열정과 애틋한 마음만으로도 큰 영감과 깊은 감동을 불러일으킨다.

그리고 세 번째 유형의 후자라 할 수 있는 작품으로는 송정마을 어르신들의 이야기를 토대로 작가가 새롭게 구성하여 만든 『우리 마을이 좋아』(김병하, 2018)와 『손이 들려준 이야기들』(김혜원 글, 최승훈 그림, 2018)과 같은 이야기 그림책이 있고, 어르신들의 시에 자신의 감상과 화가의 그림을 보태 엮은 『엄마의 꽃시』(김용택 엮음, 2018) 같은 시 그림책이 있는데, 이 유형의 그림책은 아직 눈에 많이 띄지 않는다. 어르신들이 직접 쓰고 그린 그림책과는 또 다른 투박한 듯하면서도 정제된 아름다움이 깃든 이러한 그림책들도 더 활발히 선보이면 좋겠다.

시니어 그림책, 치유와 화합의 꽃으로 피어나다

앞선 예들처럼 시니어 그림책은 혼자 만들어내기도 하지만 여럿이 함께 작업하는 경우도 꽤 있다. 또 혼자 작업하여 출간한 그림책이라 하더라도 이를 어르신에게 읽히고자 할 때 함께 읽거나 읽어주면 효과가 크다 보니, 가족이나 이웃, 봉사자나 시민단체, 기관과 지자체가 같이 나서야 하는 경우가 많다. 자연스럽게 여러 세대, 또 다양한 사람이 만나 어울리고 소통하게 된다. 그림책 한 권이 대화가 없던 가족에게 말문을 틔워주기도 하고 닫혔던 이웃의 대문을 열게도 해주며 마을 하나를 통째로 변화시키기도 한다.

이뿐만이 아니다. 미국 러시대학교 신경의학과 로버트 윌슨 교수는 2021년 11월 26일 방영된 KBS 〈다큐 On〉 '노년, 책을 들다'에서 그의 오랜 연구를 토대로 "노년기의 독서 활동이 치매와 알츠하이머의 발병을 지연시키는 데 매우 효과적"이라 주장한다. 이를 100퍼센트 신뢰해도 되는 건지는 모르겠지만, 우리의 경험에 비추어 보더라도 두뇌를 활발히 움직이고 소통과 만남을 통해 행복감을 자주 느끼다 보면 아팠던 몸도 상쾌해지고 흐릿했던 정신도 또렷해지는 게 당연하지 않을까 싶다.

작가 조정래는 "문학은 인간의 인간다운 삶을 위하여 인간에게 기여해야 한다"라고 말한다. 예술지상주의를 표방하며 문학의 심미성만을 지나치게 강조하는 이들을 향한 일침이 아닌가 싶다. 문학이든 예술이든 하나의 모습만이 절대적일 수는 없다. 심미성에 더 가치를 둘 수도 일상 또는 삶에 더 가치를 둘 수도 있다. 인간은 다양한 얼굴만큼이나 다양한 취향과 생각을 지니고 있고 처한 상황과 삶의 방식 또한 너무도 다양하기에, 문학이든 예술이든 그림책이든 다양한 모습이 존재할 필요가 있다.

애초에 그림책이 어린이를 주된 대상으로 하여 출발했기에 어린이를 위한 그림책이 대다수일 수밖에 없겠지만, 노인 인구가 급격히 늘고 있고 그중 많은 이가 아프고 외롭고 고달프다면 그들을 위로하고 격려할 만한 그림책도 풍성히 출간되어야 할 것이다. 다행히 근래 들어 뜻있는 시민단체와 도서관, 독서활동가, 출판사와 지자체가 나서서 다양한 방법으로 '시니어 그림책'을 만들고 있고, 이를 통해 시니어의 삶에 활기와 기쁨이 생겨나는 것 같아 반갑고 기쁘다. 애써 출간되는 이 책들이 이를 필요로 하는 이들의 손에 닿을 수 있도록 하는 일, 그 자녀들과 독서활동가, 그리고 우리 사회의 과제가 아닌가 싶다.

부록

상황별
추천 그림책

본문과 함께 읽으면 좋은 책

또 다른 나를 찾아 나선 이들과 나누고 싶은 이야기
누가 진짜 나일까? | 다비드 칼리 글 | 클라우디아 팔마루치 그림 | 나선희 옮김 | 책빛 | 2017
우리 집 하늘 | 전병호 글 | 김주경 그림 | 도토리숲 | 2020
구멍 | 열매 지음 | 향 | 2021
푸른 빛의 소녀가 | 박노해 글 | 카지미르 말레비치 그림 | 느린걸음 | 2021

작은 벽돌과 떠나는 여행, 나를 찾다
작은 벽돌 | 조슈아 데이비드 스타인 글 | 줄리아 로스먼 그림 | 정진호 옮김 | 그레이트북스 | 2018
마음여행 | 김유강 지음 | 오올 | 2020
멋진, 기막히게 멋진 여행 | 마티아스 더 레이우 지음 | 그림책공작소 | 2016
보물 | 유리 슐레비츠 지음 | 최순희 옮김 | 시공주니어 | 2006

들러주세요, 마음이 보고 싶거든
마음의 집 | 김희경 글 | 이보나 흐미엘레프스카 그림 | 창비 | 2010
이게 정말 마음일까? | 요시타케 신스케 지음 | 양지연 옮김 | 주니어김영사 | 2020
내 마음은 | 코리나 루켄 지음 | 김세실 옮김 | 나는별 | 2019
마음의 주인 | 이기주 지음 | 말글터 | 2021

말을 더듬는 건 두려움이 따르지만 아름다운 일이에요
나는 강물처럼 말해요 | 조던 스콧 글 | 시드니 스미스 그림 | 김지은 옮김 | 책읽는곰 | 2021

괜찮을 거야 | 시드니 스미스 지음 | 김지은 옮김 | 책읽는곰 | 2020
바닷가 탄광 마을 | 조앤 슈워츠 글 | 시드니 스미스 그림 | 김영선 옮김 | 국민서관 | 2017
거리에 핀 꽃 | 존아노 로슨 기획 | 시드니 스미스 그림 | 국민서관 | 2015

누구에게나 하나쯤은 있는 작은 냄비

…아나톨의 작은 냄비 | 이자벨 카리에 지음 | 권지현 옮김 | 씨드북 | 2014
치킨 마스크 | 우쓰기 미호 지음 | 장지현 옮김 | 책읽는곰 | 2008
빨간 나무 | 숀 탠 지음 | 김경연 옮김 | 풀빛 | 2019

서사가 멈추면 그림이 이야기를 시작한다

잃어버린 영혼 | 올가 토카르축 글 | 요안나 콘세이요 그림 | 이지원 옮김 | 사계절 | 2018
까치밥나무 열매가 익을 때 | 요안나 콘세이요 지음 | 백수린 옮김 | 목요일 | 2020
천사의 구두 | 조반나 조볼리 글 | 요안나 콘세이요 그림 | 이세진 옮김 | 단추 | 2017

일요일 밤 블레즈씨는 어디에 있을까?

블레즈씨에게 일어난 일 | 라파엘 프리에 글 | 줄리앙 마르티니에르 그림 | 이하나 옮김 | 그림책공작소 | 2020
난 곰인 채로 있고 싶은데… | 요르크 슈타이너 글 | 요르크 뮐러 그림 | 고영아 옮김 | 비룡소 | 1997
매미 | 숀 탠 지음 | 김경연 옮김 | 풀빛 | 2019
새벽 | 유리 슐레비츠 지음 | 강무홍 옮김 | 시공주니어 | 2017

걷다가 친구를 만난 것처럼

연남천 풀다발 | 전소영 지음 | 달그림 | 2018
꽃들의 시간 | 황상미 지음 | 향 | 2021
풀친구 | 사이다 지음 | 웅진주니어 | 2019
우리는 당신에 대해 조금 알고 있습니다 | 권정민 지음 | 문학동네 | 2019

마지막 미소를 짓는 순간, 돌아가다

어느 늙은 산양 이야기 | 고정순 지음 | 만만한책방 | 2020
할머니가 남긴 선물 | 마거릿 와일드 글 | 론 브룩스 그림 | 최순희 옮김 | 시공주니어 | 1997
어느 할머니 이야기 | 수지 모건스턴 글 | 세르주 블로흐 그림 | 최윤정 옮김 | 비룡소 | 2005

소년과 두더지와 여우와 말이 전하는 삶에 관한 이야기

소년과 두더지와 여우와 말 | 찰리 맥커시 지음 | 이진경 옮김 | 상상의힘 | 2020
The Boy, the Mole, the Fox and the Horse | 찰리 맥커시 지음 | Ebury Press | 2019
세 가지 질문 | 톨스토이 원작 | 존 무스 지음 | 김연수 옮김 | 달리 | 2021
중요한 문제 | 조원희 지음 | 이야기꽃 | 2017

등 떠미는 소비 시장에서 뚝심 있게 서는 법

최고의 차 | 다비드 칼리 글 | 세바스티앙 무랭 그림 | 바람숲아이 옮김 | 봄개울 | 2019
보세주르 레지던스 | 질 바슐레 지음 | 나선희 옮김 | 책빛 | 2021
상자 세상 | 윤여림 글 | 이명하 그림 | 천개의바람 | 2020
착한 소비는 없다 | 최원형 지음 | 자연과생태 | 2020

결말을 말하고 싶어서 입이 근질거려

세상에서 가장 맛있는 무화과 | 크리스 반 알스버그 지음 | 이지유 옮김 | 미래아이 | 2021
마법사 압둘 가사지의 정원 | 크리스 반 알스버그 지음 | 정회성 옮김 | 비룡소 | 2019
하늘을 나는 배, 제퍼 | 크리스 반 알스버그 지음 | 정회성 옮김 | 비룡소 | 2021
어리석은 판사 | 하브 제마크 글 | 마고 제마크 그림 | 장미란 옮김 | 시공주니어 | 2004

세상을 밝히는 따뜻하고 행복한 사람들

쫌 이상한 사람들 | 미겔 탕코 지음 | 정혜경 옮김 | 문학동네 | 2017
내가 아빠에게 가르쳐 준 것들 | 미겔 탕코 지음 | 심재원 옮김 | 위즈덤하우스 | 2017
수학에 빠진 아이 | 미겔 탕코 지음 | 김세실 옮김 | 나는별 | 2020
대단한 무엇 | 다비드 칼리 글 | 미겔 탕코 그림 | 김경연 옮김 | 문학동네 | 2019

다르지만 같은 이름 엄마

엄마 | 엘렌 델포르주 글 | 캉탱 그레방 그림 | 권지현 옮김 | 밝은미래 | 2019
우리 엄마 | 앤서니 브라운 지음 | 허은미 옮김 | 웅진주니어 | 2005
이상한 엄마 | 백희나 지음 | 책읽는곰 | 2016
어른이 되면, 나는 | 캉탱 그레방 지음 | 엄혜숙 옮김 | 꿈꾸는달팽이 | 2018

몽글몽글한 여행 이야기 속으로

여기보다 어딘가 | 거스 고든 지음 | 김서정 옮김 | 그림책공작소 | 2017

허먼과 로지 | 거스 고든 지음 | 김서정 옮김 | 그림책공작소 | 2016
예술의 도시, 파리 | 에릭 바튀 지음 | 김영신 옮김 | 빨간콩 | 2021
여행준비의 기술 | 박재영 지음 | 글항아리 | 2020

그림 그리기 딱 좋은 나이, 그림 그리는 할머니 김두엽입니다

그림 그리는 할머니 김두엽입니다 | 김두엽 지음 | 북로그컴퍼니 | 2021
인생에서 너무 늦은 때란 없습니다 | 애나 메리 로버트슨 모지스 지음 | 류승경 옮김 | 수오서재 | 2017
미스 럼피우스 | 바버러 쿠니 지음 | 우미경 옮김 | 시공주니어 | 1996
복순의 꿈은 배우였다 | 배수경 글 | 김주희 그림 | 백화만발 | 2021

책만 읽는 바보 이덕무의 지독한 책 사랑

책이 된 선비 이덕무 | 이상희 글 | 김세현 그림 | 보림 | 2017
책만 보는 바보 | 안소영 지음 | 보림 | 2005
꿈을 나르는 책 아주머니 | 헤더 헨슨 글 | 데이비드 스몰 그림 | 김경미 옮김 | 비룡소 | 2012
도서관이 키운 아이 | 칼라 모리스 글 | 브래드 스니드 그림 | 이상희 옮김 | 그린북 | 2019

열린 손으로 꿈을 지은 사람

르 코르뷔지에 | 프란신 부셰·미쉘 코헨 글 | 미쉘 라비 그림 | 진형준 옮김 | 살림어린이 | 2018
르코르뷔지에 | 신승철 지음 | 아르테 | 2020
건축을 향하여 | 르 코르뷔지에 지음 | 이관석 옮김 | 동녘 | 2007

유년 시절의 즐거운 기억

동전 하나로도 행복했던 구멍가게의 날들 | 이미경 지음 | 남해의봄날 | 2017
구멍가게, 오늘도 문 열었습니다 | 이미경 지음 | 남해의봄날 | 2020
사라지는 것들 | 베아트리체 알레마냐 지음 | 김윤진 옮김 | 비룡소 | 2021
우리가 글을 몰랐지 인생을 몰랐나 | 권정자 외 지음 | 남해의봄날 | 2019

조개맨들도 부시미 산도 그대로인데…

조개맨들 | 신혜은 글 | 조은영 그림 | 시공주니어 | 2015
로켓보이 | 조아라 지음 | 한솔수북 | 2011
아빠를 위해 죽은 생쥐 | 마욜라인 호프 지음 | 김영진 옮김 | 시공주니어 | 2010
아빠가 덤불이 되었을 때 | 요커 판 레이우엔 지음 | 김영진 옮김 | 시공주니어 | 2019

백 년 전 북간도 이야기 한 자락 들어볼래요?

고만녜 | 문영미 글 | 김진화 그림 | 보림 | 2012
옥춘당 | 고정순 지음 | 길벗어린이 | 2022
손이 들려준 이야기들 | 김혜원 글 | 최승훈 그림 | 이야기꽃 | 2018
나는 [ ] 배웁니다 | 가브리엘레 레바글리아티 글 | 와타나베 미치오 그림 | 박나리 옮김 | 책속물고기 | 2018

어린 시절 진한 추억으로의 초대

아카시아 파마 | 이춘희 글 | 윤정주 그림 | 사파리 | 2020
국시꼬랭이 | 이춘희 글 | 권문희 그림 | 사파리 | 2013
돼지 오줌보 축구 | 이춘희 글 | 이혜란 그림 | 사파리 | 2011
풀싸움 | 이춘희 글 | 김호민 그림 | 사파리 | 2020

손으로 기억하고 미래로 전해주다

나의 롤리외르 아저씨 | 이세 히데코 지음 | 김정화 옮김 | 청어람미디어 | 2007
커다란 나무 같은 사람 | 이세 히데코 지음 | 고향옥 옮김 | 청어람미디어 | 2010
첼로, 노래하는 나무 | 이세 히데코 지음 | 김소연 옮김 | 천개의바람 | 2013
천 개의 바람 천 개의 첼로 | 이세 히데코 지음 | 김소연 옮김 | 천개의바람 | 2012

인생, 영화, 그리고 그림책

인생이라는 이름의 영화관 | 지미 지음 | 문현선 옮김 | 대교북스주니어 | 2021
삶의 모든 색 | 리사 아이사토 지음 | 김지은 옮김 | 길벗어린이 | 2021
100 인생 그림책 | 하이케 팔러 글 | 발레리오 비달리 그림 | 김서정 옮김 | 사계절 | 2019

따뜻한 말 한마디, 그리고 그림책의 힘

엄마 마중 | 이태준 글 | 김동성 그림 | 보림 | 2013
메아리 | 이주홍 글 | 김동성 그림 | 길벗어린이 | 2001
고향의 봄 | 이원수 글 | 김동성 그림 | 파랑새 | 2013

우리들의 할머니를 찾아서

옥이네 이야기: 할머니 어디 가요? 시리즈 | 조혜란 지음 | 보리 | 2010
빨강이들 | 조혜란 지음 | 사계절 | 2019
우리 동네 할머니 | 샬롯 졸로토 글 | 제임스 스티븐슨 그림 | 김명숙 옮김 | 시공주니어 | 2017

풋감으로 쓴 시 | 오현아 글 | 엄정원 그림 | 백화만발 | 2021

양귀비꽃이 선물한 기적
잠에서 깨어난 집 | 마틴 비드마르크 글 | 에밀리아 지우바크 그림 | 이유진 옮김 | 고래이야기 | 2020
할아버지의 바닷속 집 | 히라타 겐야 글 | 가토 구니오 그림 | 김인호 옮김 | 바다어린이 | 2010
낮잠 자는 집 | 오드리 우드 글 | 돈 우드 그림 | 조숙이 옮김 | 보림 | 2000
숨어있는 집 | 마틴 워델 글 | 안젤라 배럿 그림 | 장미란 옮김 | 마루벌 | 2011

외롭다고 힘들다고 왜 말을 못 해?
하루거리 | 김휘훈 지음 | 그림책공작소 | 2020
있잖아, 누구씨 | 정미진 글 | 김소라 그림 | 엣눈북스 | 2014
돌멩이 수프 | 아나이스 보즐라드 지음 | 최윤정 옮김 | 주니어파랑새 | 2003

오늘, 안부를 묻다
오늘은 아빠의 안부를 물어야겠습니다 | 윤여준 지음 | 모래알 | 2020
아빠의 우산 | 이철환 글 | 유기훈 그림 | 대교출판 | 2010
나의 작고 커다란 아빠 | 마리 칸스타 욘센 지음 | 손화수 옮김 | 책빛 | 2020
나의 아버지 | 강경수 지음 | 그림책공작소 | 2016

함께 살아가는 풍경
비에도 지지 않고 | 미야자와 겐지 글 | 야마무라 코지 그림 | 엄혜숙 옮김 | 그림책공작소 | 2015
비에도 지지 않고 | 미야자와 겐지 글 | 유노키 사미로 그림 | 박종진 옮김 | 여유당 | 2020
비에도 지지 않고 | 미야자와 겐지 글 | 곽수진 그림 | 이지은 옮김 | 언제나북스 | 2021

가슴에 새겨진 문진
나무 도장 | 권윤덕 지음 | 평화를품은책 | 2016
작별하지 않는다 | 한강 지음 | 문학동네 | 2021
테우리 할아버지 | 현기영 글 | 정용성 그림 | 현북스 | 2014
무명천 할머니 | 정란희 글 | 양상용 그림 | 위즈덤하우스 | 2018

분단이 낳은 아픔, 그리운 엄마에게
엄마에게 | 서진선 지음 | 보림 | 2014

선생님, 바보 의사 선생님 | 이상희 글 | 김명길 그림 | 웅진주니어 | 2006
할아버지의 감나무 | 서진선 지음 | 평화를품은책 | 2019
나비의 무게 | 에리 데 루카 지음 | 윤병언 옮김 | 문예중앙 | 2012

팬데믹 시대, 희망을 노래하다
그리고 사람들은 집에 머물렀습니다 | 키티 오메라 글 | 스테파노 디 크리스토파로·폴 페레다 그림 | 이경혜 옮김 | 책속물고기 | 2021
함께 | 루크 아담 호커 지음 | 김지연 옮김 | BARN | 2021
이렇게 멋진 날 | 리처드 잭슨 글 | 이수지 그림·옮김 | 비룡소 | 2017
마음챙김의 시 | 류시화 엮음 | 수오서재 | 2020

황무지에서 숲을 꿈꾼 엘제아르 부피에, 나무를 심은 사람
나무를 심은 사람 | 장 지오노 글 | 프레데릭 백 그림 | 햇살과나무꾼 옮김 | 두레아이들 | 2002
나무를 심은 사람 | 장 지오노 지음 | 마이클 매커디 판화 | 김경온 옮김 | 두레 | 2005
장 지오노, 나의 아빠 | 알린 지오노 글 | 실비 지오노 그림 | 홍은주 옮김 | 하늘고래 | 2005
위대한 강 | 프레데릭 백 지음 | 햇살과나무꾼 옮김 | 두레아이들 | 2002

침묵을 지킬 수는 없었니?
마지막 거인 | 프랑수와 플라스 지음 | 윤정임 옮김 | 디자인하우스 | 2002
시애틀 추장 | 수잔 제퍼스 지음 | 최권행 옮김 | 한마당 | 2013
백두산 이야기 | 류재수 지음 | 보림 | 2009

제르마노 쥘로와 알베르틴, 개인의 사회적 역할을 묻다
잠시만요 대통령님 | 제르마노 쥘로·알베르틴 지음 | 정혜경 옮김 | 문학동네 | 2017
높이 더 높이 | 제르마노 쥘로 글 | 알베르틴 그림 | 조정훈 옮김 | 키즈엠 | 2012
작은 새 | 제르마노 쥘로 글 | 알베르틴 그림 | 이준경 옮김 | 리젬 | 2013

쉼이 필요할 때
가만히 기울이면 | 조 로링 피셔 지음 | 나태주 옮김 | 불광출판사 | 2021
게으를 때 보이는 세상 | 우르슐라 팔루신스카 지음 | 이지원 옮김 | 비룡소 | 2018
나오니까 좋다 | 김중석 지음 | 사계절 | 2018

농부 달력 | 김선진 지음 | 웅진주니어 | 2022

달구지를 끌고 | 도날드 홀 글 | 바바라 쿠니 그림 | 주영아 옮김 | 비룡소 | 1997

달빛 조각 | 윤강미 지음 | 창비 | 2021

담 | 지경애 지음 | 반달 | 2014

도토리시간 | 이진희 지음 | 글로연 | 2019

머나먼 여행 | 에런 베커 그림 | 웅진주니어 | 2014

모두를 위한 노래 | 루시 모리스 지음 | 김은재 옮김 | 키즈엠 | 2022

무민 가족과 비밀의 섬 | 토베 얀손 원작 | 세실리아 헤이킬레 그림 | 이유진 옮김 | 어린이작가정신 | 2021

민들레는 민들레 | 김장성 글 | 오현경 그림 | 이야기꽃 | 2014

바느질 수녀님 | 최지혜 글 | 엄정원 그림 | 고래가숨쉬는도서관 | 2018

산책 | 이정호 지음 | 상출판사 | 2016

순간 수집가 | 크빈트 부흐홀츠 지음 | 이옥용 옮김 | 보물창고 | 2021

숲의 요괴 | 카르멘 치카 글 | 마누엘 마르솔 글·그림 | 김정하 옮김 | 밝은미래 | 2021

아름다운 실수 | 코리나 루켄 지음 | 김세실 옮김 | 나는별 | 2018

아모스 할아버지가 아픈 날 | 필립 C. 스테드 글 | 에린 E. 스테드 그림 | 강무홍 옮김 | 주니어RHK | 2021

아침에 창문을 열면 | 아라이 료지 지음 | 김난주 옮김 | 시공주니어 | 2013

어디에 있을까 지평선 | 카롤리나 셀라스 지음 | 오진영 옮김 | 문학동네 | 2019

어른들 안에는 아이가 산대 | 헨리 블랙쇼 지음 | 서남희 옮김 | 길벗스쿨 | 2020

엄마의 의자 | 베라 윌리엄스 지음 | 최순희 옮김 | 시공주니어 | 1999

여름, | 이소영 지음 | 글로연 | 2020

여름이 온다 | 이수지 지음 | 비룡소 | 2021

오늘 바다에 갔어요 | 줄리아 한손 지음 | 권미자 옮김 | 에듀앤테크 | 2021

오늘도 바다로 그림 산책을 갑니다 | 노우경 지음 | 남해의봄날 | 2021

오리건의 여행 | 라스칼 글 | 루이 조스 그림 | 곽노경 옮김 | 미래아이 | 2017

오소리네 집 꽃밭 | 권정생 글 | 정승각 그림 | 길벗어린이 | 1997

우리의 모든 날들 | 로맹 베르나르 지음 | 이경혜 옮김 | 모래알 | 2020

월든 | 헨리 데이비드 소로 글 | 지오반니 만나 그림 | 정회성 옮김 | 길벗어린이 | 2020

이름 짓기 좋아하는 할머니 | 신시아 라일런트 글 | 캐드린 브라운 그림 | 신형건 옮김 | 보물창고 | 2004

인연 | 안효림 지음 | 길벗어린이 | 2022

점 | 피터 레이놀즈 지음 | 김지효 옮김 | 문학동네 | 2003

짐승의 냄새가 난다 | 미로코 마치코 지음 | 엄혜숙 옮김 | 보림 | 2019

차곡차곡 | 서선정 지음 | 시공주니어 | 2021

커다란 정원 | 질 클레망 글 | 뱅상 그라베 그림 | 김주경 옮김 | 이마주 | 2020
키오스크 | 아네테 멜레세 지음 | 김서정 옮김 | 미래아이 | 2021
프레드릭 | 레오 리오니 지음 | 최순희 옮김 | 시공주니어 | 2013
한나의 여행 | 사라 스튜어트 글 | 데이비드 스몰 그림 | 김경미 옮김 | 비룡소 | 2009
휴가 | 이명애 지음 | 모래알 | 2021

위로와 치유가 필요할 때

가만히 들어주었어 | 코리 도어펠드 지음 | 신혜은 옮김 | 북뱅크 | 2019
강이 | 이수지 지음 | 비룡소 | 2018
건물의 초상 | 김은희 지음 | 단추 | 2019
고래들의 노래 | 다이안 셸든 글 | 게리 블라이드 그림 | 고진하 옮김 | 비룡소 | 1996
고함쟁이 엄마 | 유타 바우어 지음 | 이현정 옮김 | 비룡소 | 2005
곰과 작은 새 | 유모토 가즈미 글 | 사카이 고마코 그림 | 고향옥 옮김 | 웅진주니어 | 2021
곰씨의 의자 | 노인경 지음 | 문학동네 | 2016
괜찮아 아저씨 | 김경희 지음 | 비룡소 | 2017
깃털 없는 기러기 보르카 | 존 버닝햄 지음 | 엄혜숙 옮김 | 비룡소 | 1996
까마귀 소년 | 야시마 타로 지음 | 윤구병 옮김 | 비룡소 | 1996
나비를 잡는 아버지 | 현덕 글 | 김환영 그림 | 길벗어린이 | 2021
나의 독산동 | 유은실 글 | 오승민 그림 | 문학과지성사 | 2019
내 안에 내가 있다 | 알렉스 쿠소 글 | 키티 크라우더 그림 | 신혜은 옮김 | 바람의아이들 | 2020
내가 가장 슬플 때 | 마이클 로젠 글 | 퀀틴 블레이크 그림 | 김기택 옮김 | 비룡소 | 2004
내가 너를 보살펴 줄게 | 마리아 로레타 기랄도 글 | 니콜레타 베르텔레 그림 | 이정자 옮김 | 이야기공간 | 2022
다시 봄 그리고 벤 | 조쉬 프리기·미바 지음 | 우드파크픽처북스 | 2019
당신과 함께 | 잔디어 지음 | 정세경 옮김 | 다림 | 2019
두 갈래 길 | 라울 니에토 구리디 지음 | 지연리 옮김 | 살림 | 2019
두고 보자! 커다란 나무 | 사노 요코 지음 | 이선아 옮김 | 시공주니어 | 2004
마레에게 일어난 일 | 티너 모르티어르 글 | 카쳐 퍼메이르 그림 | 신석순 옮김 | 보림 | 2011
마음이 아플까봐 | 올리버 제퍼스 지음 | 이승숙 옮김 | 아름다운사람들 | 2010
블랙 독 | 레비 핀폴드 지음 | 천미나 옮김 | 북스토리아이 | 2013
사랑하는 당신 | 고은경 글 | 이명환 그림 | 곰세마리 | 2020
살아 있는 모든 것은 | 브라이언 멜로니 글 | 로버트 잉펜 그림 | 이명희 옮김 | 마루벌 | 1999

숨고 싶은 아이 | 호세리네 뻬레즈 가야르도 지음 | 공여진 옮김 | 산지니 | 2021
악어오리 구지구지 | 천즈위엔 지음 | 박지민 옮김 | 예림당 | 2003
양통의 완벽한 수박밭 | 코린 로브라 비탈리 글 | 마리옹 뒤발 그림 | 이하나 옮김 | 그림책공작소 | 2021
어느 우울한 날 마이클이 찾아왔다 | 전미화 지음 | 웅진주니어 | 2017
엄마 친정엄마 외할머니 | 문희정 글 | 문세웅 그림 | 문화다방 | 2021
엄마! 엄마! | 리즈 클라이모 지음 | 정영임 옮김 | 북극곰 | 2021
엄마, 달려요 | 대만 산업재해피해자협회 글 | 천루이추 그림 | 김신우 옮김 | 시금치 | 2020
여우가 오리를 낳았어요 | 순칭펑 글 | 난쥔 그림 | 권소현 옮김 | 리틀브레인 | 2022
여우와 별 | 코랄리 빅포드 스미스 지음 | 최상희 옮김 | 사계절 | 2016
왜 우니? | 소복이 지음 | 사계절 | 2021
위를 봐요! | 정진호 지음 | 현암주니어 | 2014
철사 코끼리 | 고정순 지음 | 만만한책방 | 2018
할머니의 정원 | 백화현 글 | 김주희 그림 | 백화만발 | 2020
할아버지는 바람 속에 있단다 | 록산느 마리 갈리에즈 글 | 에릭 퓌바레 그림 | 박정연 옮김 | 씨드북 | 2015
함께한 시간을 기억해 | 재키 아주아 크레머 글 | 신디 더비 그림 | 박소연 옮김 | 달리 | 2020
호숫가 작은 집 | 토머스 하딩 글 | 브리타 테큰트럽 그림 | 김하늬 옮김 | 봄봄 | 2022

삶이 궁금할 때

09:47 | 이기훈 지음 | 글로연 | 2021
꽃을 선물할게 | 강경수 지음 | 창비 | 2018
나, 꽃으로 태어났어 | 엠마 줄리아니 지음 | 이세진 옮김 | 비룡소 | 2014
내 모자 어디 갔을까? | 존 클라센 지음 | 서남희 옮김 | 시공주니어 | 2012
내 이름은 자가주 | 퀜틴 블레이크 지음 | 김경미 옮김 | 마루벌 | 2010
내가 함께 있을게 | 볼프 에를브루흐 지음 | 김경연 옮김 | 웅진주니어 | 2007
너는 기적이야 | 최숙희 지음 | 책읽는곰 | 2010
너와 내가 | 쉰네 레아 글 | 스티안 홀레 그림 | 김상열 옮김 | 북뱅크 | 2021
눈 깜짝할 사이 | 호무라 히로시 글 | 사카이 고마코 그림 | 엄혜숙 옮김 | 길벗스쿨 | 2018
다정해서 다정한 다정 씨 | 한성옥·윤석남 지음 | 사계절 | 2016
도착 | 손 탠 지음 | 사계절 | 2008
두 사람 | 이보나 흐미엘레프스카 지음 | 이지원 옮김 | 사계절 | 2008
또 다른 연못 | 바오 파이 글 | 티 부이 그림 | 이상희 옮김 | 밝은미래 | 2018

멋진 화요일 | 데이지 므라즈코바 지음 | 김경옥 옮김 | 노란상상 | 2015
바람은 보이지 않아 | 안 에르보 지음 | 김벼리 옮김 | 한울림어린이 | 2015
배낭을 멘 노인 | 박현경·김운기·한진현 지음 | 대교북스주니어 | 2019
사랑 사랑 사랑 | 맥 바넷 글 | 카슨 엘리스 그림 | 김지은 옮김 | 웅진주니어 | 2021
사슴아 내 형제야 | 간자와 도시코 글 | G. D. 파블리신 그림 | 이선아 옮김 | 보림 | 2010
살아 있어 | 나카야마 치나츠 글 | 사사메야 유키 그림 | 엄혜숙 옮김 | 보물상자 | 2008
새의 심장 | 마르 베네가스 글 | 하셀 카이아노 그림 | 정원정·박서영 옮김 | 오후의소묘 | 2021
생명을 먹어요 | 우치다 미치코 글 | 모로에 가즈미 그림 | 김숙 옮김 | 만만한책방 | 2022
섬 | 아민 그레더 지음 | 김경연 옮김 | 보림 | 2009
섬 위의 주먹 | 엘리즈 퐁트나유 글 | 비올레타 로피즈 그림 | 정원정·박서영 옮김 | 오후의소묘 | 2019
세상의 많고 많은 빨강 | 로라 바카로 시거 지음 | 김은영 옮김 | 다산기획 | 2011
숲속의 작은 집에서 | 일라이자 휠러 지음 | 원지인 옮김 | 보물창고 | 2021
어느 등대 이야기 | 루이사 리베라 지음 | 박수현 옮김 | 도깨비달밤 | 2020
어서 오세요 만리장성입니다 | 이정록 글 | 김유경 그림 | 킨더랜드 | 2021
엄마 | 스테판 세르방 글 | 엠마뉴엘 우다 그림 | 김시아 옮김 | 바람의아이들 | 2022
여름의 잠수 | 사라 스트리츠베리 글 | 사라 룬드베리 그림 | 이유진 옮김 | 위고 | 2020
염소 시즈카의 숙연한 하루 | 다시마 세이조 지음 | 황진희 옮김 | 책빛 | 2022
우리가 잠든 사이에 | 믹 잭슨 글 | 존 브로들리 그림 | 김지은 옮김 | 봄볕 | 2020
우정 그림책 | 하이케 팔러 글 | 발레리오 비달리 그림 | 김서정 옮김 | 사계절 | 2021
유리 아이 | 베아트리체 알레마냐 지음 | 최혜진 옮김 | 이마주 | 2021
이상한 나라의 그림 사전 | 권정민 지음 | 문학과지성사 | 2020
죽음의 춤 | 세실리아 루이스 지음 | 권예리 옮김 | 바다는기다란섬 | 2021
지하 정원 | 조선경 지음 | 보림 | 2005
집으로 | 이브 번팅 글 | 데이비드 디아즈 그림 | 김미선 옮김 | 열린어린이 | 2005
토끼들의 섬 | 요르크 슈타이너 지음 | 요르크 뮐러 그림 | 김라합 옮김 | 비룡소 | 2002
하이드와 나 | 김지민 지음 | 한솔수북 | 2017
행복한 장례식 | 맷 제임스 지음 | 김선희 옮김 | 책빛 | 2020

시가 그리울 때

강냉이 | 권정생 글 | 김환영 그림 | 사계절 | 2018
고래 옷장 | 박은경 글 | 김승연 그림 | 웅진주니어 | 2021

그 얼마나 좋을까 | 정약용 글 | 김세현 그림 | 김준섭 옮김 | 한국고전번역원 | 2017
꽃마중 | 김미혜 글 | 이해경 그림 | 미세기 | 2010
꽃밭에서 | 어효선 글 | 하수정 그림 | 섬아이 | 2015
낮에 나온 반달 | 윤석중 글 | 김용철 그림 | 창비 | 2004
넉 점 반 | 윤석중 글 | 이영경 그림 | 창비 | 2004
눈 내리는 저녁 숲가에 멈춰 서서 | 로버트 프로스트 글 | 수잔 제퍼스 그림 | 이상희 옮김 | 살림어린이 | 2013
눈의 시 | 아주라 다고스티노 글 | 에스테파니아 브라보 그림 | 정원정·박서영 옮김 | 오후의소묘 | 2020
담장을 허물다 | 공광규 글 | 김슬기 그림 | 바우솔 | 2022
당연한 것들 | 이적 글 | 임효영·안혜영·박혜미 그림 | 웅진주니어 | 2021
대추 한 알 | 장석주 글 | 유리 그림 | 이야기꽃 | 2015
두 여자 | 유스티나 바르기엘스카 글 | 이보나 흐미엘레프스카 그림 | 고운 옮김 | 오후의소묘 | 2021
만약에 | 조지프 러디어드 키플링 글 | 조반니 만나 그림 | 최영진 옮김 | 살림어린이 | 2015
맑은 날 | 김용택 글 | 전갑배 그림 | 사계절 | 2006
모두 다 꽃이야 | 류형선 글 | 이명애 그림 | 풀빛 | 2021
바람과 달 | 조지 맥도널드 원작 | 이지숙 지음 | 책고래 | 2017
바람과 물과 빛 | 이호백 글 | 박인경 그림 | 재미마주 | 2017
빈집 | 이상교 글 | 한병호 그림 | 시공주니어 | 2014
살아 있다는 건 | 다니카와 슌타로 글 | 오카모토 요시로 그림 | 권남희 옮김 | 비룡소 | 2020
소년 | 윤동주 글 | 이성표 그림 | 보림 | 2016
시가 고운 꽃가지에 걸려서라네 | 정림 그림 | 변구일 옮김 | 한국고전번역원 | 2017
시를 읽는다 | 박완서 글 | 이성표 그림 | 작가정신 | 2022
시리동동 거미동동 | 제주도꼬리따기 노래 | 권윤덕 그림 | 창비 | 2003
신기한 목탁 소리 | 한승원 글 | 김성희 그림 | 보림 | 2013
엄마야 누나야 | 김소월 글 | 천은실 그림 | 이주영 엮음 | 현북스 | 2021
엄마의 품 | 박철 글 | 김재홍 그림 | 바우솔 | 2019
여우난골족 | 백석 원작 | 홍성찬 지음 | 창비 | 2007
영이의 비닐우산 | 윤동재 글 | 김재홍 그림 | 창비 | 2005
오빠 생각 | 최순애 글 | 김동성 그림 | 파랑새 | 2015
이름을 지어 주세요 | 다니카와 슌타로 글 | 이와사키 치히로 그림 | 황진희 옮김 | 한솔수북 | 2021
이 집은 나를 위한 집 | 마리 앤 호버맨 글 | 베티 프레이저 그림 | 엄혜숙 옮김 | 우리학교 | 2022
잠의 땅, 꿈의 나라 | 로버트 루이스 스티븐슨 글 | 로버트 헌터 그림 | 해바라기 프로젝트 옮김 | 에디시옹장물랭 | 2018
준치 가시 | 백석 글 | 김세현 그림 | 창비 | 2006

첫 번째 질문 | 오사다 히로시 글 | 이세 히데코 그림 | 김소연 옮김 | 천개의바람 | 2014
콩알 | 김영미 글 | 홍지연 그림 | 도토리숲 | 2020
포에버 영 | 밥 딜런 글 | 폴 로저스 그림 | 엄혜숙 옮김 | 바우솔 | 2017
한 나무가 | 이상희 글 | 김선남 그림 | 그림책도시 | 2017
흔들린다 | 함민복 글 | 한성옥 그림 | 작가정신 | 2017
흰 눈 | 공광규 글 | 주리 그림 | 바우솔 | 2016

아이와 함께할 때

감정은 무얼 할까? | 티나 오지에비츠 글 | 알렉산드라 자욘츠 그림 | 이지원 옮김 | 비룡소 | 2021
공원에서 | 앤서니 브라운 지음 | 공경희 옮김 | 웅진주니어 | 2021
괴물들이 사는 나라 | 모리스 샌닥 지음 | 강무홍 옮김 | 시공사 | 2002
깜박깜박 도깨비 | 권문희 지음 | 사계절 | 2014
꼬마 토끼는 길을 잃지 않아요 | 존 본드 지음 | Holly Moon 옮김 | 예림당 | 2021
나는 너무 평범해 | 김영진 지음 | 길벗어린이 | 2021
나무늘보가 사는 숲에서 | 아누크 부아로베르 · 루이 리고 지음 | 이정주 옮김 | 보림 | 2014
나와 우리 | 이선미 지음 | 글로연 | 2013
나의 가족, 사랑하나요? | 전이수 지음 | 주니어김영사 | 2018
내 안에는 사자가 있어, 너는? | 가브리엘레 클리마 글 | 자코모 아그넬로 모디카 그림 | 유지연 옮김 | 그린북 | 2020
너는 나의 모든 계절이야 | 유혜율 글 | 이수연 그림 | 후즈갓마이테일 | 2022
너무너무 공주 | 허은미 글 | 서현 그림 | 만만한책방 | 2018
너의 숲으로 | 양양 지음 | 노란상상 | 2022
눈아이 | 안녕달 지음 | 창비 | 2021
눈 오는 날 | 에즈라 잭 키츠 지음 | 김소희 옮김 | 비룡소 | 1995
달 사람 | 토미 웅거러 지음 | 김정하 옮김 | 비룡소 | 1996
도대체 그 동안 무슨 일이 일어났을까? | 이호백 지음 | 재미마주 | 2000
롤라의 바다 | 테레사 아로요 코르코바도 지음 | 이슬아 옮김 | 여유당 | 2021
모모모모모 | 밤코 지음 | 향 | 2022
뭐든 될 수 있어 | 요시타케 신스케 지음 | 유문조 옮김 | 위즈덤하우스 | 2017
미운 오리 새끼를 읽은 아기 오리 삼 남매 | 곽민수 글 | 조미자 그림 | 봄볕 | 2021
보이지 않는 끈 | 패트리스 카르스트 글 | 조앤 루 브리토프 그림 | 김세실 옮김 | 북뱅크 | 2021
숲 속 재봉사의 꽃잎 드레스 | 최향랑 지음 | 창비 | 2016

아빠의 작업실 | 윤순정 지음 | 이야기꽃 | 2021
엄마, 난 이 옷이 좋아요 | 권윤덕 지음 | 길벗어린이 | 2010
엄마의 섬 | 이진 글 | 한병호 그림 | 보림 | 2020
열두 달 나무 아이 | 최숙희 지음 | 책읽는곰 | 2017
우리는 언제나 다시 만나 | 윤여림 글 | 안녕달 그림 | 위즈덤하우스 | 2017
이건 또 뭐지? | 제프 맥 지음 | 하정희 옮김 | 바람의아이들 | 2021
잠을 자요 | 세르스티 안네스다테르 스콤스볼 글 | 마리 칸스타 욘센 그림 | 손화수 옮김 | 책빛 | 2021
직선과 곡선 | 데보라 보그릭 글 | 피아 발렌티니 그림 | 송다인 옮김 | 브와포레 | 2021
추 선생님의 특별한 미술 수업 | 패트리샤 폴라코 지음 | 천미나 옮김 | 책과콩나무 | 2021
치과 의사 드소토 선생님 | 윌리엄 스타이그 지음 | 조은수 옮김 | 비룡소 | 1995
친구에게 | 김윤정 지음 | 국민서관 | 2016
커다란 포옹 | 제롬 뤼예 지음 | 명혜권 옮김 | 달그림 | 2019
토끼와 늑대와 호랑이와 담이와 | 채인선 글 | 한병호 그림 | 시공주니어 | 2000
파란 의자 | 클로드 부종 지음 | 최윤정 옮김 | 비룡소 | 2004
판다 목욕탕 | 투페라 투페라 지음 | 김효묵 옮김 | 노란우산 | 2014
팥빙수의 전설 | 이지은 지음 | 웅진주니어 | 2019
흔한 자매 | 조아나 에스트렐라 지음 | 민찬기 옮김 | 그림책공작소 | 2017

시니어와 함께할 때

가시내 | 김장성 글 | 이수진 그림 | 사계절 | 2006
감은장아기 | 서정오 글 | 한태희 그림 | 봄봄 | 2012
개미 요정의 선물 | 신선미 지음 | 창비 | 2020
결코 늦지 않았다 | 신현수 글 | 오희령 그림 | 백화만발 | 2020
그 집 이야기 | 존 패트릭 루이스 글 | 로베르토 인노첸티 그림 | 백계문 옮김 | 사계절 | 2010
기억의 틈 | 세실리아 루이스 지음 | 권예리 옮김 | 바다는기다란섬 | 2021
나의 바람 | 톤 텔레헨 글 | 잉그리드 고돈 그림 | 정철우 옮김 | 삐삐북스 | 2021
나의 사직동 | 김서정 글 | 한성옥 그림 | 보림 | 2003
노인들은 늙은 아이들이란다 | 엘리자베스 브라미 글 | 오렐리 귈리 그림 | 김헤니 옮김 | 보물창고 | 2022
누가 상상이나 할까요? | 주디스 커 지음 | 곽경화 옮김 | 웅진주니어 | 2017
눈이 사뿐사뿐 오네 | 김막동 외 지음 | 북극곰 | 2017
래미 할머니의 서랍 | 사이토 린·우키마루 글 | 구라하시 레이 그림 | 고향옥 옮김 | 문학과지성사 | 2022

막두 | 정희선 지음 | 이야기꽃 | 2019
만희네 집 | 권윤덕 지음 | 길벗어린이 | 1995
모든 주름에는 스토리가 있다 | 다비드 그로스만 글 | 안나 마시니 그림 | 황유진 옮김 | 샘터 | 2021
봄 햇살 목욕탕 | 권영희 글 | 최유정 그림 | 빨강머리앤 | 2021
세상에서 제일 힘센 수탉 | 이호백 글 | 이억배 그림 | 재미마주 | 1997
아버지의 연장 가방 | 문수 지음 | 키위북스 | 2021
어느 할머니 이야기 | 조앤 슈워츠 글 | 나히드 카제미 그림 | 신형건 옮김 | 보물창고 | 2022
언제까지나 너를 사랑해 | 로버트 먼치 글 | 안토니 루이스 그림 | 김숙 옮김 | 북뱅크 | 2000
엠마 | 웬디 케셀만 글 | 바바라 쿠니 그림 | 강연숙 옮김 | 느림보 | 2004
옛날에 오리 한 마리가 살았는데 | 마틴 워델 글 | 헬린 옥슨버리 그림 | 임봉경 옮김 | 시공주니어 | 2001
우리 가족입니다 | 이혜란 지음 | 보림 | 2005
인생은 지금 | 다비드 칼리 글 | 세실리아 페리 그림 | 정원정·박서영 옮김 | 오후의소묘 | 2021
일요일, 어느 멋진 날 | 폴뢰르 우리 지음 | 김하연 옮김 | 키위북스 | 2021
장수탕 선녀님 | 백희나 지음 | 책읽는곰 | 2012
책 읽어주는 할머니 | 김인자 글 | 이진희 그림 | 글로연 | 2009
천하무적 영자 씨 | 이화경 지음 | 달그림 | 2020
커다란 것을 좋아하는 임금님 | 안노 미쓰마사 지음 | 송해정 옮김 | 시공주니어 | 2017
파랑 오리 | 릴리아 지음 | 킨더랜드 | 2018
하얀 봉투 | 박희순 글 | 배민경 그림 | 백화만발 | 2021
하지만 하지만 할머니 | 사노 요코 지음 | 엄혜숙 옮김 | 상상스쿨 | 2017
할머니 엄마 | 이지은 지음 | 웅진주니어 | 2016
할머니네 집 | 지은 지음 | 이야기꽃 | 2021
할머니의 저녁 식사 | M. B. 고프스타인 지음 | 이수지 옮김 | 미디어창비 | 2021
할머니의 팡도르 | 안나마리아 고치 글 | 비올레타 로피즈 그림 | 정원정·박서영 옮김 | 오후의소묘 | 2019
할아버지의 시간이 지워져요 | 질 바움 글 | 바루 그림 | 김영신 옮김 | 한울림어린이 | 2020
할아버지의 시계 | 윤재인 글 | 홍성찬 그림 | 느림보 | 2010
할아버지의 이야기 나무 | 레인 스미스 지음 | 김경연 옮김 | 문학동네 | 2011
훨훨 간다 | 권정생 글 | 김용철 그림 | 국민서관 | 2003

어른 그림책 여행

2022년 9월 30일 1판 1쇄 발행
2023년 10월 20일 1판 2쇄 발행

지은이 어른그림책연구모임
펴낸이 한기호
책임편집 정안나
편집 도은숙 유태선 김현구
마케팅 윤수연
디자인 블랙페퍼디자인
경영지원 국순근
펴낸곳 백화만발
　　　　　출판등록 2019년 4월 17일 제2019-000120호
　　　　　주소 04029 서울시 마포구 동교로 12안길 14(서교동) 삼성빌딩 A동 2층
　　　　　전화 02-336-5675   팩스 02-337-5347
　　　　　이메일 kpm@kpm21.co.kr
　　　　　홈페이지 www.kpm21.co.kr

ISBN 979-11-978066-4-3 (03810)

- 백화만발은 한국출판마케팅연구소의 임프린트입니다.
- 잘못된 책은 구입처에서 교환해드립니다.
- 책값은 뒤표지에 있습니다.